SOCIÉTÉ DE GÉOGRAPHIE DE LYON

LYON

ET

LA RÉGION LYONNAISE

Études et Documents

PUBLIÉS A L'OCCASION DU

XVᵉ CONGRÈS DES SOCIÉTÉS FRANÇAISES DE GÉOGRAPHIE, EN 1894

LYON. — IMP. EMM. VITTE, RUE CONDÉ, 30

LYON ET LA RÉGION LYONNAISE

SOCIÉTÉ DE GÉOGRAPHIE

DE LYON

COMPOSITION DU BUREAU POUR L'ANNÉE 1894 :

Président . . . . J. CAMBEFORT, ✶.
Vice-Président . . . . . Dʳ CHAPPET.
» . . . . . . Ulysse PILA, ✶.
Secrétaire général. . . . Lt-colonel DEBIZE, O. ✶, ✶.
Secrétaire. . . . . . . V. GROFFIER, ❶.
Trésorier . . . . Commandant BERGER, O. ✶
Bibliothécaire . . . . . CRESCENT.
Assesseur . . . . E. CHAMBEYRON, ⚜.
» . . . . SCHIRMER.

SOCIÉTÉ DE GÉOGRAPHIE DE LYON

LYON
et la Région lyonnaise

Études et Documents

PUBLIÉS A L'OCCASION DU

XVᵉ CONGRÈS DES SOCIÉTÉS FRANÇAISES DE GÉOGRAPHIE, EN 1894

LYON

IMPRIMERIE EMMANUEL VITTE

Rue Condé, 30

1894

AVANT-PROPOS

Le titre inscrit en tête de ce volume et la manière dont il est composé exigent quelques explications.

Lorsque nous avons formé le projet d'offrir à nos hôtes une étude géographique de la région que nous habitons et que nous serions heureux de contribuer ainsi à leur faire connaître, nous n'avons pu songer un instant à nous limiter au département du Rhône. On sait qu'avant la Révolution les terrains sur lesquels ont été bâtis les quartiers neufs des Brotteaux et de la Guillotière appartenaient au Dauphiné. Depuis, afin de ne pas séparer administrativement Lyon et sa banlieue, les limites du Rhône ont été reportées plus à l'est (1); mais de nouveaux faubourgs les ont déjà presque atteintes. Il eût été étrange d'exclure de notre travail les plaines du Dauphiné qui commencent à nos portes.

(1) Lorsque la France fut divisée en départements par la constitution de l'an III, la Guillotière, comprenant le terrain des Brotteaux, fut enlevée au Dauphiné et comprise dans le département du Rhône et Loire, dont le chef-lieu était Lyon.

Cette commune a été réunie à la ville de Lyon par le décret du 24 mars 1852 qui en même temps affectait au département du Rhône les communes voisines de Villeurbanne, Vaux-en-Velin, Bron, Vénissieux, qui appartenaient jusqu'alors au département de l'Isère.

Nous ne pouvions pas davantage nous en tenir à l'ancienne province du Lyonnais : elle laissait également en dehors d'elle le territoire situé sur la rive gauche du Rhône. Plus vaste que notre département actuel, elle n'était elle aussi, qu'une circonscription administrative, que l'union factice de trois pays différents : le Lyonnais propre, le Beaujolais et le Forez.

Obligés de renoncer à des divisions tout à fait arbitraires, il ne nous restait qu'à nous mettre simplement en présence de la réalité, qu'à accepter sans parti pris le cadre que les conditions physiques, économiques, industrielles imposaient à notre étude.

Il nous a paru qu'il y a vraiment tout un pays dont Lyon est le centre, que toutes ses relations rattachent à notre ville, qui vit d'elle en partie, et qui la fait vivre; qui a une unité et une physionomie distinctes. Nous trouvions d'ailleurs pour le désigner un nom déjà consacré par le langage, ce qui prouve bien qu'il répond à une conception précise : la région lyonnaise.

Mais quelles limites faut-il lui attribuer? Elles ont été assez exactement fixées par la nature. Entre le Plateau central à l'ouest, le Jura et les Alpes à l'est, s'étend un pays de plaines et de plateaux qui atteint en face de Lyon sa plus grande largeur. Librement ouvert au nord, du côté de la Bourgogne, presque fermé au sud, du côté de la Provence, par une barrière montagneuse, où le Rhône a dû se creuser un passage, il a la forme d'un triangle dont la base serait adossée au Plateau central et le sommet toucherait aux Alpes. A ce pays de plaines se rattachent étroitement, par les vallées qui les pénètrent, les montagnes voisines de Lyon à l'ouest; il en est de même pour le Jura méridional que la coupure du Rhône à ouvert à l'influence de Lyon. C'est cet ensemble de montagnes, de plaines et de plateaux que nous appelons la région lyonnaise.

Nous ne chercherons pas d'ailleurs à arrêter avec trop de précision sur la carte les contours de cette région. Suivant qu'on l'étudie en se plaçant à tel ou tel point de vue, elle peut se restreindre ou s'étendre. Elle n'est pas en effet seulement une division naturelle, elle est aussi un groupement humain. Or les groupements humains ne sont pas absolument stables. Comme la nature ils admettent des transitions. Une région n'est pas une division administrative. Elle n'a pas de frontières précises, parce qu'on ne lui en a jamais fixé.

Nous proposant de décrire notre pays sous ses différents aspects, nous nous sommes naturellement adressés aux hommes qui connaissaient le mieux son passé et son état présent. Nous leur avons demandé d'écrire pour notre recueil une série d'études spéciales, de nous fournir des documents. Nous avons fait naturellement dans ces notices une large part à l'industrie textile, parce que cette industrie tient chez nous la première place ; la soie y est au premier rang, parce que Lyon est la ville de la soie.

Mais un ensemble de travaux sur une région ne constitue pas une étude vraiment géographique. On ne connaît bien, on ne comprend bien un pays que lorsqu'on saisit les liens qui rattachent sa nature physique à son histoire, à ses habitants, à son développement industriel ou commercial. Comme le disait tout récemment un maître, « envisagés isolément, les traits dont se compose la physionomie d'un pays ont la valeur d'un fait ; mais ils n'acquièrent la valeur de notion scientifique que si on les replace dans l'enchaînement dont ils font partie, et qui seul est capable de leur donner leur pleine signification » (1). Un de nos col-collaborateurs, qui s'est en même temps occupé de la géographie physique de la région, a bien voulu se charger d'écrire cette étude d'ensemble. On trouvera son travail en tête du volume.

Notre recueil n'échappera pas à certaines critiques. Nous aurions voulu le faire plus complet. Il eût mieux répondu au programme que nous nous proposions d'abord, si nous avions disposé de plus de temps. Nous espérons cependant que tel qu'il est il intéressera nos hôtes, peut-être même nos compatriotes.

Il nous reste à faire connaître les noms de nos collabo-rateurs, et à indiquer les sources imprimées où nous avons également puisé.

Ce sont, en suivant l'ordre des matières que nous avons adopté :

M. L. Gallois, ancien professeur de géographie à la fa-culté des lettres de Lyon, maître de conférences à la Sor-bonne. (*Géographie de la région lyonnaise.*)

M. Auguste Bleton, membre de l'Académie des sciences, arts et lettres de Lyon. (*Lyon ancien, histoire et topogra-phie.*)

M. Ch. André, directeur de l'observatoire de Lyon. (*Le climat de Lyon.*)

M. Deville, professeur départemental d'agriculture. (*L'agriculture dans le département du Rhône.*)

M. A. Léger, ingénieur. (*Les industries de la région lyonnaise.*)

M. Natalis Rondot, ancien délégué de la Chambre de commerce de Lyon. (*L'industrie lyonnaise de la soie.*)

____

(1) Paul Vidal de la Blache, préface de l'*Atlas général*, Paris, Armand Colin.

M. A. Breittmayer, ancien sous-directeur des bateaux à vapeur du Rhône. (*Les transports par eau.*)

M. J. Cambefort, président de la Société de géographie de Lyon. (*Les voies ferrées.*)

M. le Dr E. Chappet, médecin honoraire des hôpitaux de Lyon. (*Maladies et médecine lyonnaises.*)

M. J.-B. Pey, secrétaire archiviste de l'Union des chambres syndicales lyonnaises. (*Documents statistiques sur la population de la région lyonnaise.*)

Quelques notices ont été écrites grâce à des renseignements fournis par plusieurs personnes, parmi lesquelles nous avons le devoir de citer :

M. Ballac, de Saint-Chamond.

M. A. Carrel. (*Articles du Beaujolais.*)

M. Louis Couturier, membre de la Chambre de commerce de Lyon.

M. Marcel Jouffray, secrétaire de la Chambre de commerce de Vienne.

M. R. Mas. (*Chambre syndicale de la fabrique lyonnnaise.*)

M. Marius Morand, secrétaire de la Chambre de commerce de Lyon.

M. E. Rollin, secrétaire de la Chambre syndicale du tissage mécanique des soieries.

M. Léon Riboud. Union du S. E. des syndicats agricoles.

M. Schirmer, professeur de géographie à la faculté des lettres.

Le travail sur les industries de Saint-Etienne, auxquelles nous avons tenu à consacrer une part importante a été fait à l'aide du rapport présenté en 1891 à la *Chambre de commerce* de cette ville par M. Lucien Thiollier. Nous ne pouvions choisir un guide plus consciencieux ni plus compétent.

Nous nous sommes servis en outre des publications de la *Chambre de commerce de Lyon*, de l'*Union des chambres syndicales lyonnaises*, du *Syndicat du tissage mécanique des soieries*.

Nous avons mis plusieurs fois à contribution, pour les industries de Roanne, un très intéressant travail de M. Maurice Dumoulin : *Histoire de l'industrie de la région roannaise*, dans son livre intitulé *en Pays roannais*, Roanne, 1892. Pour l'histoire de l'industrie à Vienne, nous avons utilisé l'ouvrage suivant : *la Draperie à Vienne*, de M. Paulin Blanc, Vienne, 1869.

Pour le bureau de la Société :

Le Président,

J. Cambefort.

La carte qui accompagne notre volume est, pour le fond, empruntée à la feuille de Lyon au 1/320.000, que le ministère de la guerre a bien voulu nous autoriser à reproduire. Les renseignements relatifs au vignoble proviennent surtout de notre collaborateur M. Deville ; ils ont été complétés à l'aide des publications suivantes : carte de la *répartition des cultures dans le Mâconnais et le Charollais*, de M. Battanchon, professeur départemental d'agriculture de Saône-et-Loire, parue dans les *Annales de géographie*, n° du 15 juillet 1894 ; cartes qui accompagnent l'ouvrage de M. le Dr Ant. Magnin : *la Végétation de la région lyonnaise*. Bâle, Lyon, Genève, 1886.

Notre carte du vignoble dans la région de Lyon servira en partie à combler une lacune. Nous n'avons pas consacré de notice spéciale à l'agriculture dans les départements voisins du Rhône. C'est que les statistiques décennales ou annuelles publiées par le ministère de l'agriculture ne fournissent que des totaux relatifs à un département tout entier. Les départements qui nous environnent comprenant des régions qui diffèrent du tout au tout, des chiffres moyens n'auraient eu aucune signification. Nous avons préféré nous abstenir. La carte de la vigne permettra de se rendre compte de la manière dont sont réparties les zones de végétation dans notre région.

GÉOGRAPHIE

DE LA

RÉGION LYONNAISE

I

La formation du pays.

La région lyonnaise est une des parties de la France
dont l'histoire géologique est le mieux connue, et cette
histoire nous aide merveilleusement à comprendre le relief
actuel du pays (1).

(1) La remarquable variété de roches qu'on rencontre aux environs de Lyon invite tout naturellement à l'étude de la géologie, et
cette science, depuis un demi-siècle, y a toujours été en honneur. Il
y a une *Ecole géologique lyonnaise* dont plus d'un représentant, pour
ne citer que les morts, a laissé un nom célèbre. C'est Fournet, professeur de géologie à la Faculté des sciences en 1834, lors de la
création de cet établissement ; c'est Jourdan, qui fut à la même
époque directeur du Muséum d'histoire naturelle de Lyon ; c'est
Thiollière, directeur d'une compagnie d'assurances, auteur d'études paléontologiques remarquables ; c'est Dumortier, un commerçant de la rue Centrale, dont les travaux sur les fossiles jurassiques du sud-est sont aujourd'hui classiques ; c'est surtout Fon-
tannes, qui a si passionnément et si admirablement étudié les dépôts
tertiaires qui ont rempli la longue cavité où s'est ensuite creusée la

La vallée du Rhône, depuis Lyon, et celle de la Saône qui en est le prolongement vers le nord, occupent une longue dépression entre deux régions montagneuses : les Alpes et le Jura à l'est, à l'ouest le Plateau central de la France. Ces deux régions montagneuses ne sont pas contemporaines. Le plateau faisait partie d'une grande zone dont les plissements se sont produits à la fin des temps primaires. Les Alpes datent de la fin des temps secondaires; ce sont des montagnes relativement jeunes.

La grande zone de plissements à laquelle appartient le Plateau central est appelée par les géologues français zone des plissements hercyniens, du nom de la forêt ou de la montagne hercynienne, sous lequel les géographes anciens comprenaient indistinctement toutes les hauteurs boisées de l'Allemagne du sud. Elle occupait tout le centre de l'Europe qu'elle prenait en écharpe. Le sud de l'Angleterre, la Bretagne, le Plateau central français, le massif unique des Vosges et de la Forêt-Noire, la Bohême en faisaient partie. Elle se continuait au delà par le sud de la Russie pour s'infléchir vers le nord avec les monts Oural. Cette grande et large chaîne n'eut qu'une durée éphémère. Des fractures s'y produisirent, des effondrements, qui la morcelèrent en un certain nombre de tronçons, isolés aujourd'hui les uns des autres. C'est ainsi que le Plateau central devint distinct de la Bretagne et des Vosges.

La chaîne hercynienne avait des montagnes très élevées. Des sommets se dressaient peut-être, à l'ouest de Lyon, jusqu'à la hauteur du mont Blanc. Le temps et les agents atmosphériques firent peu à peu leur œuvre. La montagne se nivela en vieillissant, elle s'abaissa, tendit à devenir plateau. Mais — et ceci est très important pour la géogra-

vallée du Rhône. J'aurai l'occasion de citer d'autres noms dans le cours de cette étude; ils montreront que la tradition de la géologie n'est pas perdue à Lyon, et que l'*Ecole lyonnaise* est aussi active que jamais.

phie de la région lyonnaise — les plissements primitifs laissèrent sur le plateau leur empreinte. Les anciennes dépressions qui formaient le fond des plis y restèrent marquées. Les géologues peuvent aujourd'hui les tracer sur la carte. Ils nous apprennent que ces plissements, dans la partie orientale du Plateau, s'infléchissaient vers le nord-est pour aller se raccorder avec les Vosges et la Forêt-Noire. Telle était aussi, dans notre région, la direction des grandes vallées et des grandes dépressions de la chaîne. C'est naturellement dans ces dépressions que se sont accumulées les masses végétales, troncs de palmiers et autres plantes de ces époques chaudes et humides, que les torrents et les rivières y précipitaient et qui sont devenues la houille. On remarquera que dans la région lyonnaise les bassins houillers de la Loire, du Creusot-Blanzy, que le petit bassin de Sainte-Foy-l'Argentière, dans la vallée de la Brevenne, sont précisément orientés du sud-ouest au nord-est.

L'influence des plissements hercyniens s'est également fait sentir sur la direction des vallées actuelles du Lyonnais et du Charolais. La vallée du Gier, celle de la Brevenne continuée par le cours inférieur de l'Azergues, celle du Torranchin, petit affluent de droite de la Turdine ; plus au nord, la Grosne dans la partie inférieure de son cours qui se prolonge naturellement par celui de la Guye et de la Gande, le Sornin entre la Clayette et Charlieu, l'Arconce, avant son arrivée dans la plaine de la Loire, et surtout la double vallée de la Dheune et de la Bourbince ouvrant un large passage entre la Saône et la Loire, s'alignent toutes parallèlement, sud-ouest nord-est. Une seule vallée de quelque importance dans la montagne beaujolaise est dirigée du nord au sud, c'est l'Azergues, nous verrons plus loin comment on peut expliquer cette anomalie.

Le Plateau central était déjà presque nivelé — comme l'est aujourd'hui le plateau de l'Ardenne — lorsque les mers de l'époque secondaire déposèrent sur ses bords leurs épais sédiments. Elles se sont avancées à certains moments très loin dans l'intérieur, elles l'ont peut-être entièrement recouvert. De grands golfes s'étaient déjà formés dans l'épaisseur du Plateau : celui de la Loire, celui de l'Allier. Dans la région lyonnaise, un golfe plus petit occupait l'emplacement du Mont-d'Or actuel et pénétrait dans la vallée de l'Azergues. On retrouve en effet dans cette région, morcelés et relevés par les mouvements postérieurs du sol, les dépôts successifs des mers secondaires les plus anciennes. Le seul aspect des sommets du Mont-d'Or, montre bien que la roche qui les constitue est tout autre que celle des montagnes du Lyonnais et du Beaujolais.

Les temps secondaires avaient été pour l'écorce terrestre, au moins dans nos régions européennes, une longue époque de repos. Avec l'ère tertiaire commence une nouvelle série de mouvements, qui vont s'exagérant de plus en plus jusqu'à la complète émersion de la zone alpine, le second des plissements qui ont affecté l'Europe centrale, et qui comprend les Pyrénées, les Alpes proprement dites, les Carpathes, les Balkans, le Caucase, pour se rattacher en Asie à l'Himalaya.

Les plissements alpins ont eu, il n'est pas besoin de le dire, un très grand retentissement sur la région lyonnaise. Ce sont eux qui ont dessiné la vallée du Rhône et celle de la Saône. Pour la vallée du Rhône, le fait est évident. Les avancées successives de la montagne, chassant devant elles la mer et les lagunes, n'ont laissé entre elles et le Plateau qu'un couloir, où la mer pliocène s'introduisit comme dans un vaste fiord, vallée toute préparée pour le Rhône futur. Le Plateau, de ce côté, avait servi de môle de résistance aux efforts alpins, il avait cependant lui-même été ébranlé par l'intensité de la poussée, fortement relevé sur son bord oriental, et ainsi s'est formé le grand talus montagneux des Cévennes et des monts du Vivarais.

Du côté de la Saône, les effets des poussées alpines ont été plus remarquables encore. La grande onde terrestre a déterminé en se propageant des plis à grande courbure qui correspondent aux deux dépressions de la plaine suisse et de la Bresse, séparées par le bombement du Jura. Le Jura n'est en effet qu'un contre-coup des plissements alpins. Il se décompose à l'est et au sud en une série de plissements secondaires, les plus intenses étant les plus rapprochés des Alpes proprement dites, à l'ouest en plateaux coupés de failles, ayant formé des compartiments qui ont joué indépendamment les uns des autres et qui descendent par gradins successifs vers la plaine de la Saône. Mais dans l'ensemble notre Jura français n'est que le résultat d'un vaste bombement. Ses plis méridionaux se continuent d'ailleurs par ceux des zones subalpines de la Savoie et du Dauphiné, et la soudure est si complète, qu'il est impossible de dire où commence géologiquement le Jura. La coupure du Rhône n'est qu'un accident, très important si l'on se place au point de vue géographique, minime si l'on ne considère que la montagne elle-même.

La grande cuvette bressanne, qui depuis Gray s'étend jusqu'à Lyon, ne s'est pas prêtée à sa courbure concave sans subir elle aussi des fractures, et celles-ci, dessinant de longues failles le long du Jura et du Plateau central, ont facilité le mouvement d'affaissement du bassin. Enfin, dans cette région comme sur le bord de la vallée du Rhône, les mouvements alpins ont ébranlé la bordure orientale du Plateau. Ils ont relevé la zone montagneuse comprise entre la Loire et la Saône ; ils y ont déterminé un autre bombement qui atteint ses altitudes les plus hautes dans la montagne beaujolaise. La grande onde terrestre s'est propagée plus loin encore : elle a produit l'affaissement de la vallée de la Loire, le bombement des monts du Forez et de la Madeleine, puis enfin la dépression de la vallée de l'Allier. C'est ainsi qu'au nord-est, le Plateau primitif où la mer avait déjà pénétré par de longs golfes, s'est découpé en zones parallèles dirigées du nord au sud. Mais en reprenant en travers les anciens plissements hercyniens, la poussée alpine, nous l'avons vu par la direction des rivières, n'en a pas complètement effacé la trace. Dans une région limitée seulement, dans le Beaujolais et le Mâconnais, et par suite de cassures préexistantes, l'effort alpin a redressé suivant nord-sud les alignements hercyniens. Ainsi s'explique la direction nord-sud des vallées de l'Azergues, du Reins, de la Trambouze et des affluents supérieurs de la Grosne.

Après ces grands mouvements alpins, les traits principaux du relief de la région lyonnaise se trouvaient à peu près dessinés. Sur l'emplacement actuel de la vallée du Rhône, la mer pénétrait dans un long fiord jusqu'aux environs de Givors; la dépression bressanne était occupée par un lac. Il y avait à la hauteur de Lyon une sorte d'isthme, dû peut-être à l'avancée que forment à cet endroit vers l'est les roches du Plateau central. La mer se retira laissant des dépôts de marnes, tandis que le fond du lac bressan se tapissait lui aussi de sédiments marneux différents.

Alors, des hautes montagnes qui venaient d'émerger, des torrents et des rivières descendirent, entraînant sur leur passage des roches de toute nature, que les frottements arrondissaient en galets. Dans le grand fiord qu'avait quitté la mer, une vallée profonde se forma, creusée jusqu'à dix mètres au-dessous du niveau actuel du fleuve : ce fut la plus ancienne vallée du Rhône. Des vallées latérales y aboutissaient, lui amenant les eaux des Alpes et des Cévennes. Le lac bressan s'y déversait naturellement (1).

(1) Je me suis servi, pour toute cette partie de mon exposition, de l'ouvrage que viennent de publier MM. Delafond, ingénieur en chef des mines à Chalon, et Depéret, professeur de géologie à la faculté

C'est après ce premier creusement de la vallée qu'interviennent des phénomènes d'un tout autre ordre, les phénomènes glaciaires, dont l'importance a été si considérable dans la région lyonnaise.

Quelle fut la cause de ces grands refroidissements qui couvrirent alors d'une épaisse calotte de glace non seulement les Alpes, mais encore les parties les plus hautes des montagnes lyonnaises et beaujolaises ? La question est loin d'être éclaircie, et ce n'est pas ici qu'il convient de l'aborder; mais l'existence de ces grands glaciers n'est pas douteuse. Ils ont marqué de stries, en bien des endroits, les roches qui subissaient leur frottement; ils ont surtout laissé comme preuve de leur passage, ces gros blocs arrachés aux plus lointaines parties des Alpes, qui, transportés par le glacier lui-même, sans que leurs arêtes aient été émoussées, sont restés en place sur le sol, lorsque le glacier s'est retiré en fondant. On peut voir à Lyon même quelques échantillons de ces blocs erratiques, soit au parc de la Tête-d'Or, soit à l'extrémité est du boulevard de la Croix-Rousse. MM. Falsan et Chantre (1) se sont donné la tâche de retrouver, dans la région lyonnaise, tous ces blocs erratiques, de noter leur emplacement actuel, et, par l'étude de la roche qui les constitue, leur lieu d'origine présumé. Ils ont pu dresser ainsi une grande carte du glacier du Rhône, lors de sa plus grande avancée, et des petits glaciers venus du Plateau central. Cette carte est du plus haut intérêt : elle nous montre que la nappe

des sciences de Lyon, sous le titre : *les Terrains tertiaires de la Bresse*, Paris, 1893, dans la collection des *Etudes sur les gîtes minéraux de la France*. Ce remarquable travail apporte la lumière la plus complète sur l'histoire si difficile et si confuse des creusements successifs de la vallée du Rhône. M. Depéret donnera prochainement la suite naturelle de cette étude, c'est-à-dire l'histoire des creusements et des remblaiements successifs du Rhône jusqu'à la mer.

(1) FALSAN et CHANTRE, *Monographie des anciens glaciers du Rhône*. Lyon, 1875.

de glace a couvert les Alpes et le Jura, ne laissant émerger que les sommets trop élevés, qu'elle s'est étendue comme un vaste éventail sur toute la Dombes actuelle et sur la plaine du Bas-Dauphiné; qu'à Lyon même elle a dépassé le Rhône et la Saône, garni de ses dépôts tout le sommet de la colline de Fourvière, les hauteurs de Sainte-Foy, celles qui dominent Saint-Genis-Laval, et le petit plateau, presque enveloppé par la rivière du Garon, qui porte Irigny et Millery.

Lorsque le glacier s'avançait ainsi vers Lyon, ses eaux de fonte, entraînant des débris de toute sorte, couvrirent le pays environnant d'énormes dépôts de sables et de cailloutis. La première vallée du Rhône fut entièrement comblée, remblayée sur une hauteur de plus de 100 mètres, les cailloux s'étendirent, de part et d'autre de l'ancien lit, en une large nappe qui descendit jusqu'à la mer.

Si le glacier s'était retiré régulièrement, le Rhône eût recommencé, lui aussi, à creuser régulièrement sa vallée, et nous verrions ses terrasses les plus hautes descendre en pente douce vers son lit actuel. Mais le glacier a subi des arrêts dans sa marche, il est revenu en avant, après des retours en arrière, et le fleuve, à chacune de ces péripéties, abaissant et élevant tour à tour ses eaux, déblayait ou remblayait son lit. Il a donc laissé à des niveaux différents des terrasses marquant les diverses phases de son histoire. Ces séries de terrasses sont remarquables aux environs de Lyon : on en voit des exemples très nets à l'ouest de Fourvière, dans la dépression qui, partant de Vaise, rejoint la basse vallée de l'Izeron, faisant du petit plateau un véritable îlot montagneux. Cette dépression marque la place d'un des courants du fleuve, alors que sa vaste nappe d'eau se répandait sur toute la région.

Mais nulle part ces terrasses ne présentent autant d'intérêt qu'au nord-est de Lyon, dans l'angle que forment aujourd'hui le Rhône et la Saône. Elles constituent là l'énorme dépôt de sables et de cailloutis de la Dombes, vaste plateau que le fleuve a découpé en falaises vers le sud, et qui au nord descend en pente douce vers la dépression bressane. L'éperon de la Croix-Rousse est, dans Lyon même, la pointe la plus méridionale de ce plateau.

Le grand lac bressan, dont l'écoulement se faisait naturellement par la vallée du Rhône, subit par contre-coup d'importantes variations de niveau. Il a pénétré dans les vallées des rivières qui l'alimentaient, et laissé, en se retirant, ses dépôts dans les golfes ainsi formés. MM. Delafond et Depéret ont pu retrouver sur le pourtour des traces de huit niveaux successifs de ses eaux.

L'importance des phénomènes glaciaires ne tient pas seulement à ce qu'ils ont été la cause déterminante de ces formations de terrasses et de cailloutis dans la région lyonnaise. Ils expliquent encore plus d'une particularité de sa géographie physique ; telles sont ces longues moraines sillonnant la plaine du bas Dauphiné et dont la plus apparente est celle qui, depuis Lagnieu, s'étend en un vaste demi-cercle au delà du Rhône jusqu'à Saint-Quentin. Le chemin de fer de Lyon à Grenoble la traverse en tranchée entre Heyrieu et Saint-Quentin ; telles sont ces larges vallées qui descendent vers le Rhône, creusées autrefois par les eaux de fonte et qui aujourd'hui ne sont plus parcourues que par des cours d'eau insignifiants ; telles sont surtout les couches de boues argileuses laissées là par le glacier lorsqu'il a fondu, qui, couvrant de leur nappe imperméable le plateau de la Dombes, en ont fait une région d'étangs, longtemps infertile et malsaine.

L'histoire géologique de la région lyonnaise est donc assez compliquée : plissements hercyniens, plissements alpins, travail des glaciers et des fleuves, tels sont les phénomènes qui ont contribué à lui donner son relief. Il n'en est pas en France qui offre plus d'intérêt ni plus de variété. La diversité des terrains qui la composent se reflète, nous allons le voir, dans l'aspect de ses différentes parties.

II

Géographie physique

L'étude physique que nous allons maintenant entreprendre portera sur trois zones distinctes : 1° les montagnes comprises entre les vallées du Rhône et de la Saône et celle de la Loire, c'est-à-dire les monts du Lyonnais et du Beaujolais ; 2° les plaines et les plateaux de la Saône et du Rhône, et j'entends sous ce titre la partie méridionale de la Bresse, le plateau de la Dombes, la plaine du Bas-Dauphiné et plus au sud les plateaux de mollasse qui bordent la rive gauche du Rhône, jusqu'aux pittoresques défilés que traverse le fleuve avant Montélimar. La troisième comprendra la partie inférieure du Jura, c'est-à-dire le Bugey, laissant en dehors les premières Alpes, chaînes et plateaux, qui ferment du côté de l'orient l'horizon de la région lyonnaise.

LES MONTS DU LYONNAIS ET DU BEAUJOLAIS. — Ce n'est pas une exagération que de nommer montagnes les hauteurs qui dominent Lyon à l'ouest. Elles dépassent en effet, en plusieurs points, l'altitude de mille mètres ; leurs sommets arides, le plus souvent impropres à toute culture, servent d'écran aux vents et aux pluies de l'ouest. On ne saurait trop insister sur ce fait qu'elles ne constituent pas une chaîne unique, mais une série de chaînes. Des coupures les traversent, facilitant les communications entre Lyon et la Loire. C'est, pour la grande ville, un précieux avantage ; elle n'est pas isolée de ce côté par la barrière montagneuse, mais elle la pénètre pour ainsi dire, la rattache à elle, ainsi que les régions qui sont au delà.

Les monts du Lyonnais proprement dits ne commencent qu'à la dépression du Gier ; mais au delà s'élève un massif bien délimité, très distinct des montagnes du Vivarais qui lui font suite au sud, c'est le Pilat, qui autrefois, avant que la mode se fût répandue des ascensions lointaines, n'était gravi qu'avec respect par les Lyonnais, très fiers de sa haute cime. Le Pilat est de toutes les montagnes de la région celle qui a conservé le mieux la forme du plissement hercynien. Sa croupe, nettement alignée du sud-ouest au nord-est, force le Rhône, à partir de Givors, à se détourner vers Vienne avant de prendre, entre cette ville et Condrieu, une direction parallèle au Gier, c'est-à-dire à l'axe même du plissement. Une longue crête sépare les deux versants ; son point le plus élevé est au Crest de la Perdrix, à 1434^m. Les deux pentes sont d'ailleurs très différentes d'aspect : celle du nord, composée de gneiss et de micaschistes, est plus régulière ; celle du sud, toute en granit, a moins résisté aux agents atmosphériques et se décompose en mamelons arrondis. L'une et l'autre sont abondamment pourvues de forêts, où les pins dominent à mesure qu'on monte, et les eaux, après la pluie, ruissellent de toute part sur ces terrains imperméables. On ne peut les utiliser qu'en construisant des barrages ; celui de Rochetaillée retient les eaux du Furens, qui alimente la ville de Saint-Etienne.

C'est du Pilat que vient le Gier, grossi par les autres torrents de la montagne. Sa vallée étroite, toute noire de la fumée des usines, est le grand chemin qui de Lyon mène dans le Forez et dans la Haute-Loire. La pente est assez forte : Givors, au débouché de la vallée, n'est qu'à 153 mètres d'altitude ; la Loire, à l'entrée de la plaine du Forez, est encore à 376 mètres. Saint-Etienne, située à peu près entre les deux bassins, est à 545 mètres ; c'est à son niveau relativement élevé que la région stéphanoise doit surtout la sévérité de son climat.

Au nord de la vallée du Gier commencent les monts du Lyonnais proprement dits. Lorsque de loin, de la plaine du Dauphiné par exemple, on voit se dessiner à l'horizon leurs longues crêtes boisées, il semble qu'ils ne constituent qu'une chaîne unique, dirigée du nord au sud, avec un abaissement dans la partie centrale, et c'est sous cette forme qu'on les figure généralement sur les cartes. En réalité leur structure est plus complexe, et un examen approfondi montre bientôt que leur direction maîtresse est plutôt parallèle à celle du Gier et du Pilat, à celle, par conséquent, des anciens plissements du Plateau central. Ce sont les grands courants d'eau qui ont enlevé par érosion la partie orientale de ces plissements, qui ont nivelé le plateau lyonnais, et découpé derrière lui une sorte de crête factice se prolongeant à peu près du nord au sud, et qu'on a prise pendant longtemps pour l'axe même de la montagne. Il y a, en effet, un premier alignement très net limitant la vallée du Gier, et orienté comme elle du S.-O. au N.-E. Il commence dans la Loire, au mont Paillou (875^m), se continue dans la direction de Riverie, par des hauteurs qui atteignent 937 mètres, près de Saint-André-la-Côte, et s'abaisse sur le plateau lyonnais, un peu au nord de Mornant. On peut l'appeler l'arête de Riverie. Une seconde chaîne domine la vallée de la Brévenne, et ses sommets vont également du S.-O. au N.-E., depuis les hauteurs de Duerne (919^m) jusqu'au signal de Mercruy, par 570 mètres. Le point culminant au-dessus d'Yzeron est à 921 mètres. Ces deux chaînes, d'altitudes à peu près égales, très voisines l'une de l'autre, entre Saint-André et Duerne, sont reliées par une sorte de croupe moins élevée, vers Saint-Martin-en-Haut ; c'est elle qui dessine l'échancrure qu'on voit dans le profil de la montagne. Deux rivières en descendent, ayant toutes deux la direction générale S.-O. N.-E. : le ruisseau d'Ardillier, qui est en réalité la branche maîtresse du Garon, sur le versant Rhône ; la Coise, plus sinueuse, sur le versant Loire.

Les monts du Lyonnais, exclusivement composés de roches anciennes, imperméables, sont arrosés par cela même de nombreux ruisseaux. Leurs sommets gazonnés ou garnis de forêts, les masses sombres des pins qui s'y mêlent aux autres essences, rappellent la grande montagne. La vue splendide des Alpes qu'on a de ces hauteurs par les temps clairs, s'ajoute au charme du pays lui-même : c'est avec raison que les Lyonnais aiment leur belle chaîne de l'Yzeron.

Le plateau lyonnais, c'est-à-dire la surface, en grande partie granitique, que les eaux ont aplanie entre la montagne et le Rhône, passerait difficilement pour pittoresque. Sa partie orientale, couverte par les cailloutis glaciaires, est naturellement peu fertile et le sol n'y peut donner de récoltes suffisantes que par des soins assidus. N'était le voisinage immédiat de la grande ville, le plateau lyonnais serait resté à sa pauvreté première. Son altitude varie de 200 à 300 mètres. Il descend vers le Rhône par des pentes assez brusques formant aux abords de Lyon une véritable falaise.

La colline de Fourvière, qui domine Lyon, et qui atteint l'altitude de 294 mètres, est, vers le nord-est, la pointe extrême du plateau lyonnais ; mais elle en est séparée par une sorte de fossé demi-circulaire, qui fut autrefois le lit d'un cours d'eau, et qui, partant de Vaise, sur la Saône, aboutit sur le Rhône à Oullins. Par là s'écoulent aujourd'hui deux petites rivières : l'Yzeron qui vient des montagnes lyonnaises, et au nord le ruisseau des Planches qui passe près d'Ecully. Ces deux ruisseaux isolent Fourvière et Sainte-Foy du plateau lyonnais proprement dit. A ces conditions si favorables à la défense, s'ajoute la raideur des pentes du côté de la Saône. On comprend que de tous temps le plateau de Fourvière ait été considéré comme la forteresse naturelle qui garde le confluent du Rhône et de la Saône, comme le point de départ des routes établies dans leurs vallées. Bien que ce promontoire soit recouvert d'une épaisse couche de cailloutis jadis amenés par le Rhône, le piédestal de roches anciennes qui les porte, apparaît nettement à Lyon au pied même de la colline ; c'est au travers de ces roches granitoïdes que la Saône s'est frayé un étroit passage, véritable défilé entre Fourvière et la Croix-Rousse.

Au nord de Fourvière et sur la rive droite de la Saône, le plateau de roches anciennes se prolonge encore à une certaine distance, puis, reposant sur lui, s'élève un petit massif montagneux, aux formes très différentes de celles des monts du Lyonnais, montant par de longues pentes à partir de la Saône, puis brusquement s'abaissant, jusqu'à former falaise. C'est l'élégant Mont-d'Or lyonnais, ainsi nommé sans doute à cause de la couleur jaune de ses roches calcaires. Nous avons dit qu'un golfe de l'ancien Plateau central avait laissé pénétrer en cet endroit les mers qui en baignaient les contours ; les mouvements alpins reprenant leurs sédiments les ont relevés suivant la pente que nous leur voyons aujourd'hui, les ont séparés par des fractures, isolant ainsi leurs crêtes distinctes, les trois sommets du mont Cindre, du mont Thou et du mont Verdun (1). Avec les calcaires, la vigne apparaît sur les flancs de ces coteaux, leurs sommets portent de belles prairies, d'abondants ruisseaux rafraîchissent leurs vallées, d'où les bois heureusement n'ont pas tous disparu. C'est le séjour de prédilection des Lyonnais pendant l'été. Entre les pentes du Mont-d'Or et celles du plateau qui lui fait face, la Saône rapproche ses rives et prend un cours plus rapide ; les maisons de campagne se

(1) Le point culminant est au mont Verdun qui atteint 625 mètres. Le mont Thou a 612 mètres, le mont Cindre 467. Le massif du Mont-d'Or lyonnais a été géologiquement étudié et décrit dans une monographie spéciale de MM. Falsan et Locard.

succèdent étagées, les villages, presque de petites villes, ne sont que des réunions d'habitations de plaisance. Il est peu de paysage aussi gracieux que celui de cette entrée de Lyon par la route de la Saône.

La vallée de la Brévenne limite nettement au nord-ouest la chaîne d'Izeron et les hauteurs d'Aveize qui en sont le prolongement sur la rive droite de la Coise. Plus étroite que celle du Gier, étranglée par endroits, elle reçoit de nombreux filets d'eau qui partout ruissellent sur ses roches imperméables et y entretiennent l'humidité. Des châtaigniers superbes, plus haut des chênes et des pins garnissent ses pentes : c'est une vallée de montagne. Née près du col de Viricelles (625^m), la rivière descend rapide jusqu'à l'Arbresle, où elle reçoit la Turdine, pour se confondre à Lozanne avec l'Azergue, mais en gardant jusqu'à la Saône sa direction première. Au delà du col de Viricelles, une petite rivière, allant rejoindre la Loire, prolonge en quelque sorte la coupure de la Brevenne. Le chemin de fer de Lyon à Montbrison a profité de cette route naturelle.

Au nord de la Brevenne, un nouveau chaînon s'aligne parallèlement à la rivière, gardant toujours l'orientation maîtresse des anciens plissements. Il commence vers Maringes, du côté de la Loire, et se continue par les sommets élevés du mont Pottu (821^m), du Pélerat (853^m), du Crêt-d'Arjoux (817^m), pour se terminer par le mont Popey (806^m) dans le voisinage de la Turdine. Il n'y a pas dans le pays de nom particulier pour désigner cette chaîne, pas plus d'ailleurs que celle qui lui fait face de l'autre côté de la Brevenne. On peut l'appeler la chaîne du Pélerat. En réalité toutes ces montagnes sont en pays lyonnais, et c'est une erreur d'arrêter, comme le font quelques géographes, les monts du Lyonnais à la vallée de la Brevenne.

La direction S.-O.-N.-E des rivières se maintient quelque temps encore, notamment pour l'Oise, qui descend à Feurs, pour le Torranchin, affluent de la Turdine ; mais ce ne sont que des petits torrents ; il n'y a plus là de coupures profondes ; l'altitude reste partout considérable, la montagne forme plutôt un massif. De cet ensemble confus de sommets aux formes épaisses et lourdes, se dégage un nouvel alignement montagneux allant du sud au nord, et qui, dans tout le pays que nous allons maintenant étudier, se substituera à l'orientation S.-O.-N.-E. Nous avons vu précédemment quelle était la raison de cette anomalie : c'est qu'ici la poussée alpine a redressé suivant nord-sud les plissements anciens du plateau.

A partir de la cime de Boussivre, point culminant du massif (1004^m), l'arête nord-sud commence à devenir très nette. Elle se prolonge pendant plus de cinquante kilomètres, par les monts de Tarare, la chaîne des Mollières, le massif du Saint-Rigaud, jusqu'au plateau granitique du Charolais. Elle se maintient à une altitude supérieure à 700 et 800 mètres ; elle atteint 1.012 mètres au sommet boisé du Saint-Rigaud. Des chaînes parallèles l'accompagnent à l'est et à l'ouest, séparant de longues vallées étroites : celle de l'Azergue, sur le versant de la Saône ; celles du Reins et de la Trambouze sur celui de la Loire.

Ce haut pays, c'est la montagne beaujolaise, bien différente de la plaine du même nom, de la région du vignoble qui s'étend le long de la Saône. Seules les parties les plus voisines de Lyon, la vallée inférieure de l'Azergue, celle de son affluent le Soanan, celle de la Turdine appartiennent au Lyonnais. Dans l'ensemble toute la contrée garde l'aspect de la vraie montagne. Les roches qui la constituent, très variées, mais très dures, sont toutes imperméables. Partout les eaux ruissellent, donnant naissance à de nombreux torrents qui mettent en mouvement des moulins, des usines, des scieries surtout. La montagne beaujolaise ne fut autrefois qu'une immense forêt ; elle est encore en grande partie boisée. Des taillis de chênes, mêlés de bouquets de pins, garnissent ses sommets et ses pentes. Au dessus de 900 ᵐ, ils font place aux sapins qui couvrent de belles forêts les flancs du Saint-Rigaud (1). Rarement la roche apparaît à nu; à défaut d'arbres, les gazons tapissent les cimes. Ces eaux ruisselantes, ces industries, ces sapins, rappellent en beaucoup d'endroits les Vosges. D'accès difficile, le Haut Beaujolais est peu fréquenté par les touristes. Il mériterait plus de faveur et sera sans doute plus visité quand le chemin de fer en construction de Lyon à Paray-le-Monial par la vallée d'Azergue aura remplacé les diligences.

On ne s'étonnera point que ce pays soit pauvre. Les fonds des vallées cependant y donnent de riches produits; le plus souvent ce sont des prairies qui les occupent; partout ailleurs les champs, qui s'étagent sur les pentes, exigent beaucoup pour rendre peu. Le bœuf, la vache et l'âne sont employés pour les transports et la culture. Nulle part on ne rencontre de troupeaux; le porc tient ici lieu de bétail. Il est naturel, comme nous le verrons plus tard, que les habitants aient demandé à l'industrie les ressources que le sol leur refusait.

Les routes, autrefois très rares dans la montagne beaujolaise, ne pouvaient la traverser qu'à ses deux extrémités, et à son centre. Au sud, vers le point où les vallées de la Turdine et du Reins, venant à la rencontre l'une de l'autre, ne sont séparées que par la chaîne centrale, se trouve le col de Tarare, où passe la vieille route de Lyon à Roanne. Le chemin de fer qui unit ces deux villes en suit à peu près

(1) On voudrait rétablir en partie les anciennes forêts et le département y aide par d'importantes subventions.

L'administration forestière possède trois pépinières dans le département du Rhône : à Saint-Apollinaire, Vauxrenard et Vaugneray. Elle reboise 160 hectares en moyenne par an, dont 150 dans l'arrondissement de Villefranche et 10 dans celui de Lyon. (Voir *Indications sommaires sur les Reboisements facultatifs dans le département du Rhône*, par E. Sauvage, Exposition de Lyon, 1894.)

aujourd'hui le tracé. Au nord, sur le plateau du Charolais, une route allait de Mâcon à Cluny et à Charolles, en profitant de la vallée de la petite Grosne, puis de celle de la Semence, affluent de l'Arconce. L'importance de Mâcon et de Charolles est due à leur position aux extrémités de cette route. Enfin, au centre, à la hauteur du Saint-Rigaud, toutes les chaînes venant se confondre en un massif, les obstacles s'atténuent. L'étroite vallée de l'Ardière, affluent de la Saône, dominée par les hauts sommets d'Avenas (850^m) et du Tourvéon (953), ouvre un chemin facile vers l'intérieur. C'est ce défilé que gardait Beaujeu, et l'on s'explique la brillante fortune des seigneurs de cette maison : ils tenaient les clefs du passage et étaient ainsi maîtres de toute la montagne.

Le contraste est grand entre le pays boisé de l'intérieur et la riche plaine beaujolaise qu'on aperçoit tout à coup à ses pieds, lorsqu'on a gravi les sommets de la dernière crête. La muraille n'est pas aussi abrupte qu'elle semble l'être, vue de la Saône ; de nombreux ravins s'y sont creusés, où pénètre de plus en plus la vigne, car les vignobles sont la grande richesse de ce pays. Ils sont aujourd'hui, après la grande crise du phylloxera, presque partout reconstitués et couvriront bientôt un plus grand espace que celui qu'ils occupaient autrefois. C'est dans le granit que sont plantés les cépages ; mais il a fallu désagréger la roche pour la réduire à l'état de terre arable. Au nord de cette plaine, le Mâconnais, dont les collines vont jusqu'à la Saône, est, comme le Mont-d'Or lyonnais, un vaste lambeau calcaire, qui est resté appliqué sur le rebord de l'ancien plateau. Au sud, une petite chaîne calcaire de même origine s'étend depuis Villefranche jusqu'à la plaine de l'Azergue, servant d'écran aux sommets plus hauts de l'intérieur.

Vers la Loire la pente est moins brusque, le niveau du fleuve est plus élevé que celui de la Saône ; les rivières, pour l'atteindre, n'ont pas eu à creuser si profondément leur lit. La Loire, à Feurs, est à 338ᵐ. Elle est encore, à Roanne, à 210 mètres. La Saône, entre Mâcon et Lyon, ne dépasse pas 170 mètres. Deux lacs occupèrent autrefois la dépression actuelle de la Loire. Ils ont laissé, en se vidant, les deux bassins du Forez et du Roannais. Le fleuve descend aujourd'hui de l'un à l'autre par les pittoresques défilés situés en amont de Roanne.

La Bresse, la Dombes, le bas Dauphiné. — Le relief de la région que nous allons maintenant étudier, est beaucoup plus simple. Le Rhône, avant d'arriver à Lyon, la divise en deux parties très différentes : la Bresse et la Dombes au nord, le Dauphiné au sud.

La Bresse n'appartient que par sa partie méridionale à la région lyonnaise. C'est la Bresse bressane, ainsi nommée pour la distinguer de la Bresse louhannaise et de la Bresse châlonnaise, qui sont plus au nord. Elle comprend à peu près l'arrondissement de Bourg, et cette ville est sa capitale. La Bresse tout entière, nous l'avons vu, occupe l'emplacement d'un ancien lac; sa cuvette est encore aujourd'hui parfaitement dessinée : à l'est, par la barrière du Jura ; à l'ouest, par celle des montagnes beaujolaises; au sud, par les terrasses de cailloutis, dont nous avons dit l'origine, et qui constituent la Dombes. Le fond du bassin est au centre, vers Louhans. La pente, dans la partie méridionale, est du sud au nord, et ainsi s'explique cette singularité que les rivières méridionales de la Bresse, comme la Reyssouze, coulent en sens contraire de la Saône, dans laquelle elles se jettent. Le sol est formé par les alluvions déposés au fond du lac; c'est un limon fertile, un peu argileux, et par conséquent pas très perméable; l'écoulement des eaux s'y fait mal, et de petits étangs s'y rencontrent souvent. Les prairies y sont abondantes, les forêts étendues, et les champs mêmes sont entourés de haies élevées qui font de ce pays un autre *Bocage*. Ces champs sont généralement très riches ; la Bresse, essentiellement agricole, produit en abondance des céréales ; c'est la région de la France où l'on cultive le plus le maïs. Il sert à engraisser les volailles qui portent au loin la réputation de ce plantureux pays. Comme aspect, la Bresse n'est pas monotone ; son sol est mamelonné, coupé de vallées peu profondes où coulent des rivières tranquilles. Les fermes aux grands toits, abritant de vastes greniers, s'y cachent dans la verdure, formant avec leurs dépendances un petit groupe, souvent isolé. Bourg, la capitale du pays, est une ancienne forteresse qui dut son importance à des raisons stratégiques. Elle était sur la route qui, de Mâcon, mène en Savoie et en Italie, au véritable débouché de cette route dans la plaine, car les étangs de la Dombes s'opposaient à la traversée directe d'Ambérieu à la Saône ; il fallait s'engager dans une sorte de couloir entre la montagne et les pays d'étangs. Bourg était à l'extrémité de ce couloir. Les princes de la maison de Savoie ne se crurent bien gardés du côté de la France, que lorsqu'ils furent en possession de la Bresse. François Iᵉʳ l'occupa pendant ses guerres en Italie. En 1601, le traité de Lyon la donna à la France avec le Bugey et le Valromey. La Savoie était désormais découverte ; l'équilibre que ses princes avaient cherché à maintenir entre leurs domaines italiens et leurs domaines français était rompu : la Savoie inclinait vers Turin. Bourg n'est plus aujourd'hui une ville militaire, elle est simplement le grand marché agricole de la région. Elle a gardé comme souvenir de la domination savoyarde sa jolie église de Brou.

La Dombes fait suite au sud à la Bresse. Elle n'est que le bord le plus relevé de l'ancien lac. C'est un vaste plateau très doucement incliné vers le nord-ouest, et terminé du côté de l'Ain et du Rhône par un talus assez raide, qu'on appelle la côtière de Dombes, et qui atteint 300 mètres en moyenne. Les pentes de la Croix-Rousse vers le Rhône sont la continuation de ce talus.

La limite de la Dombes est facile à tracer sur la carte. Elle correspond à la plus grande extension de l'ancien glacier du Rhône dans la direction du nord-ouest et de l'est. Il y a laissé comme preuves de cette grande avancée des dépôts morainiques, des blocs erratiques, des amas de cailloutis glaciaires. Il s'est étendu jusqu'aux portes de Bourg, jusqu'à la vallée moyenne de la Veyle; des restes de moraines frontales sont encore visibles aujourd'hui entre cette rivière et l'Irance. A l'est, il atteignait presque la Saône au-dessus de Trévoux et la dépassait à Lyon même; nous avons vu qu'il avait recouvert Fourvière et la bordure du plateau lyonnais. Le sol de la Dombes est le résultat du lessivage des boues glaciaires par les eaux de pluie et de ruissellement; c'est un limon blanc jaunâtre, très ténu, très argileux, presque complètement imperméable. Sur cette grande surface, à peu près horizontale, les pluies s'amassent en vastes flaques d'eau. La couche arable, privée d'éléments calcaires, est presque stérile, seules les forêts s'accommodent de cette humidité.

Il y a trente ans, la Dombes était un pays désolé, malsain, dépeuplé par la fièvre. Vingt mille hectares sur cent treize étaient occupés par les étangs, un peu moins par conséquent d'un sixième de la superficie. La densité de la population était à peine de 20 habitants par kilomètre carré; la durée de la vie moyenne en Dombes n'était que de vingt-cinq ans; les exemptions du service militaire pour cause d'infirmités physiques y dépassaient de beaucoup la moyenne. Les galettes de blé noir, le pain de seigle composaient, avec le laitage, presque toute l'alimentation des paysans, nourriture insuffisante pour des malheureux affaiblis par la maladie. Cette déplorable situation datait de cinq ou six siècles. Un savant qui a élucidé bien des points obscurs de l'histoire de la région lyonnaise, M. Cl. Guigue,

ancien archiviste du Rhône, a pu démontrer que c'est au
xve siècle surtout que les étangs se multiplièrent dans la
Dombes. Les guerres incessantes des maisons de Beaujeu et
de Savoie avaient dévasté le pays, les bras manquaient pour
la culture ; les propriétaires trouvèrent plus simple de
mettre eux-mêmes en étangs les terres qu'ils ne pouvaient
plus cultiver. L'opération était facile : il suffisait de conserver par des levées de terre l'eau des pluies dans les
endroits bas. Le produit était bon. Tous les deux ans, en
mettant l'étang à sec, on pêchait le poisson, et sans fumure,
on pouvait l'année suivante obtenir du sol une récolte suffisante. Certes la Dombes avait toujours été pauvre, mais
en favorisant l'écoulement des eaux, en respectant ses
forêts, on l'avait rendue salubre. La mise en étangs, les
miasmes qui se dégageaient de leur sol marécageux après
la pêche développèrent les fièvres paludéennes. La misère
s'accrut encore. Elle était devenue telle à la fin du xviiie siècle, que de tout le pays des plaintes s'élevaient. Le remède
était simple : il consistait à dessécher les étangs. Mais la
raison a de la peine à triompher quand les intérêts sont en
jeu. Il a fallu cinquante ans de polémiques passionnées
pour que les habitants de la Dombes aient ouvert les yeux
à l'évidence. En 1853, le gouvernement créa un service
spécial de la Dombes dirigé par des ingénieurs des ponts
et chaussées. Des primes furent données à ceux qui dessé-
chaient. Des routes furent construites, remplaçant les
sentiers où l'on enfonçait dans la boue ; on put ainsi commencer à apporter aux terres la chaux qui leur manquait.
Des puits salubres furent creusés. Mais le desséchement
était lent. En 1863, une compagnie lyonnaise, dirigée par
un homme dont le nom est attaché aux plus belles œuvres
accomplies à Lyon de notre temps, demanda et obtint la
concession d'un chemin de fer de Lyon à Bourg. Elle
s'engageait à racheter et à mettre en valeur six mille hectares d'étangs. Ces promesses ont été tenues, et en 1870,

dix mille hectares, c'est-à-dire plus de la moitié des étangs
avaient été mis en culture, tant par la compagnie que par
les habitants. Aujourd'hui la Dombes est régénérée ; grâce
au chaulage et au marnage, le sol est devenu plus produc-
tif. Le froment a pris la place du seigle. La durée de la
vie moyenne est montée à trente-cinq ans ; la fièvre a presque complètement disparu. Ce pays aux horizons lointains,
presque toujours noyés dans la brume, ne rappelle plus
la misère d'autrefois. Ses claires nappes d'eau, ses petits
bois de bouleaux et de chênes, ses villages bien groupés,
à demi cachés dans la verdure, donnent un grand charme
au paysage un peu triste. Cette transformation si rapide
est un bel exemple de ce que peuvent les efforts intelligents
et méthodiques de l'homme sur la nature.

Le pays d'étangs n'occupe que la surface du plateau. Ses
flancs, très différents d'aspect, sont riches et bien cultivés.
La vigne y trouve des terrains favorables et de bonnes
expositions. Toute une série de petites villes s'y sont
établies : Montluel, Miribel du côté du Rhône, Neuville,
Trévoux, sur la Saône. Elles prolongent la banlieue de
Lyon.

Ce sont les érosions de l'Ain à l'est, celles du Rhône au
sud, qui ont taillé les pentes rapides du plateau de la
Dombes. Avant d'atteindre leur niveau d'aujourd'hui, les
eaux, vers le confluent de ces deux rivières, ont laissé une
large terrasse de cailloux, le plateau aride de la Valbonne,
qui domine d'une trentaine de mètres le fond de la vallée
actuelle. Le Rhône, entre la Valbonne et Lyon, offre le
spectacle remarquable d'une rivière qui n'a pas encore
trouvé son lit. Le fleuve s'y divise en un nombre considérable de bras, souvent variables, enfermant des îles basses ;
cinq kilomètres au moins, en largeur, séparent les deux
rives, entre lesquelles s'étendent librement les inondations. La ville de Lyon a dû se défendre par une digue
contre des crues terribles et subites. Il y a là, entre le

Dauphiné et les coteaux qui lui font face, un obstacle presque insurmontable aux communications, une véritable limite naturelle.

Le Bas-Dauphiné comprend toute la région située à l'est de Lyon, entre le fleuve et la montagne. Ce nom n'est d'ailleurs employé que par les savants, ce n'est pas un nom local; il importe de le constater. Tout ce bas pays se subdivise, en effet, en régions assez différentes : on s'expliquerait peu que le langage usuel ne les ait pas distinguées les unes des autres.

Sa limite à l'est, le Jura, puis les Alpes, est géologiquement très nette. Le Jura ne se termine pas en effet au sud, avec le cours du Rhône. Nous avons déjà vu que ses chaînes se continuaient dans les Alpes calcaires de la Savoie et du Dauphiné. Mais, plus près de Lyon, entre Saint-Genix et Lagnieu, le Rhône laisse encore sur sa rive gauche tout un plateau jurassique, ayant la forme d'un triangle qui s'avance jusqu'à la vallée de la Bourbre, en face de la Verpillière et de Saint-Quentin. Des lambeaux calcaires, se rattachant également au Jura, apparaissent même au delà de la Bourbre, le long de la ligne du chemin de fer de Lyon à Grenoble, depuis Saint-Quentin jusque près de Bourgoin. C'est l'extrême limite du Jura dans la plaine dauphinoise. Mais si, par la nature de ses roches, ce plateau se relie à la montagne qui l'avoisine au nord-est, son altitude l'en distingue nettement. Les hauts sommets qui dominent le fleuve sur sa rive droite dépassent 1.000 mètres; le plateau de Crémieu ne s'élève pas au-dessus de 444 mètres. Toutes ses relations sont avec la plaine. C'est un fragment du Jura qu'une grande cassure a séparé des chaînes principales, et qui s'est effondré. On remarquera que la direction des crêtes dans la partie occidentale du Jura méridional s'incline parallèlement à cette cassure. Le Rhône en a naturellement profité.

Pour bien comprendre la plaine dauphinoise, il faut se

souvenir que le grand glacier du Rhône, après l'avoir presque entièrement recouverte, l'a transformée, ravinée par ses eaux de fonte, lui a donné ce relief irrégulier, désordonné qu'elle conserve aujourd'hui.

Nous distinguerons d'abord la plaine qui s'étend à l'ouest de Lyon, jusqu'au plateau de Crémieu à l'est, au sud jusqu'au rebord d'un autre plateau que suit à distance la ligne du chemin de fer de Lyon à Grenoble. On a donné souvent à cette région le nom de Balmes viennoises, et ce nom figure sur de bonnes cartes. Le mot balme, dans le langage du pays, a un sens très net : c'est un talus, un rebord de plateau. Je crois plus exact de restreindre l'appellation Balmes viennoises au petit rebord de la terrasse qui domine le cours du Rhône en amont de Lyon, depuis le confluent de la Bourbre.

Ce qui peut-être a produit la confusion, c'est que la plaine est elle-même ondulée de collines allongées aux pentes souvent assez raides. Ces collines sont de grandes moraines, laissées par le glacier lorsqu'il s'est retiré. Il en est une qui s'étend sur une longueur de quarante kilomètres au moins, dessinant une courbe régulière depuis Lagnieu, au delà du Rhône, jusqu'à Saint-Quentin et plus loin encore. Le Rhône et l'Ain la traversent, le chemin de fer la coupe en tranchée entre Heyrieu et Saint-Quentin. Sa hauteur varie entre 200 et 300 mètres. Elle correspond à un long arrêt dans la marche du glacier, car sa disposition montre bien qu'elle ne peut être qu'une moraine frontale. Un autre alignement de même nature se détache du premier pour s'avancer directement vers Lyon. Il se termine à Bron, séparant ainsi en deux la plaine. Toutes ces hauteurs, comme aussi d'autres collines isolées, sont tapissées de boues glaciaires. Mais, dans leur intervalle, le pays a été raviné, puis nivelé par les érosions. La pente générale de la plaine nous indique d'où venaient les eaux : elle s'abaisse vers le nord-ouest. Il y a 100 mètres de différence de niveau entre Heyrieu et Lyon. Cette pente, très importante à noter, est si régulière qu'on s'en aperçoit à peine. De grands courants sont donc descendus de l'est; c'étaient les eaux de fonte du glacier, c'étaient les Rhônes primitifs qui se déplaçaient dans toute la plaine, débouchant plus au sud que le fleuve actuel. Nous voyons encore très nettement le chemin suivi par un de ces grands courants. Le Rhône y coulait au début des temps quaternaires, avant d'avoir percé la dernière barrière du Jura. Une véritable vallée existe en effet au sud du plateau de Crémieu qu'elle isole entièrement de ce côté. Elle commence à la vallée du Rhône actuelle, près de Saint-Genix et des Avenières, se poursuit par des prairies basses qui vont rejoindre la Bourbre, près de Bourgoin, pour continuer, jusqu'au confluent de cette rivière avec le Rhône, à Pont-de-Chéruy. Cette dépression, qui porte généralement le nom de marais de Bourgoin, était encore, jusqu'au commencement de ce siècle, un vaste marécage insalubre. On l'a desséchée en y creusant des canaux d'écoulement, alimentés par des saignées latérales. On y a planté de nombreux peupliers, on l'a transformée en prairies; le véritable marais a disparu, et avec lui la fièvre; mais le sol, mal affermi, est toujours humide, et les villages riverains y vont chercher la tourbe, qui leur sert de combustible.

Le plateau de Crémieu, que cet ancien Rhône isole presque complètement vers le sud, est entièrement calcaire; il a l'aspect caractéristique des terrains de cette nature: pentes raides, souvent boisées, ou garnies de buis; vallons profonds; ruisseaux abondants; petits lacs gracieux. Par là il rappelle le Jura. Il a ses fameuses grottes de la Balme, qui s'ouvrent dans la falaise dominant le Rhône, et qui, malgré les découvertes récemment faites dans le Plateau central, demeurent peut-être encore les plus vastes de France. Comme ressources il a ses cultures, ses carrières de pierre dure utilisées dans les constructions lyonnaises.

Crémieu est un grand centre d'élevage de dindons qu'on mène en troupeaux dans les champs après les récoltes. Toute la plaine dauphinoise se livre à cette industrie, mais nulle part avec autant de succès qu'aux environs de cette ville. Ancienne place forte, elle a conservé ses murailles et les ruines de son vieux château. Elle devient de plus en plus, grâce au chemin de fer qui l'unit directement à Lyon, un séjour de plaisance pour les Lyonnais ; elle a toujours été le rendez-vous des peintres de la région.

La plaine proprement dite n'est pas d'une très grande richesse. Son sol abandonné à lui-même donnerait des produits médiocres. Il exige de fortes fumures. La grande culture est ici inconnue ; la propriété est très divisée, les maisons, assez propres d'aspect, sont en terre jaune, sauf aux environs immédiats des carrières de pierre. Naguère encore elles étaient couvertes de chaume ; mais partout maintenant les toits sont en tuiles ; sur le plateau de Crémieu ils sont le plus souvent en petites pierres plates. La plaine dauphinoise tend à se dépeupler au profit de la grande ville et de ses faubourgs immédiats. L'industrie cependant s'y est établie et s'y développe.

Au sud de la double région que nous venons d'étudier commencent des plateaux qui se poursuivent de plus en plus étroits entre le Rhône et les Alpes, pour se terminer près de Valence. Ils appartiennent aux terrains qu'on désigne en géologie sous le nom de mollasse marine, mais cette mollasse n'a pas partout la même composition. Elle est tantôt constituée par des sables compacts, formant un grès friable, tantôt par des dépôts argilo-siliceux. Toute la partie orientale est recouverte de boues glaciaires en plusieurs endroits imperméables, ce qui explique la présence des bois et des étangs. Ce sont les eaux du glacier qui ont raviné ces plateaux et découpé des vallées trop larges pour leurs ruisseaux d'aujourd'hui. La plus vaste de toutes est la haute plaine de la Bièvre, qui se continue vers le Rhône par la Valloire, et sépare ainsi par une dépression très nette le plateau du nord de celui du sud. Ces vallées sont surtout nombreuses.

Entre la Tour-du-Pin, le Grand-Lemps et le lac de Paladru les plateaux se relèvent jusqu'à 600 et 700 mètres. La nature argileuse du sol, plus encore que l'altitude, leur a fait donner le nom de *Terres-Froides*. Au sud de la vallée de la Bièvre, la même composition silico-argileuse se retrouve sur la surface stérile, balayée par les vents, du plateau de Chambaran. C'est l'extrême limite vers le sud de la région lyonnaise. Valence n'est plus dans la sphère d'attraction de Lyon ; l'influence du midi y est déjà très sensible.

Cette région des plateaux est plus variée, plus pittoresque que riche. Là non plus on ne retrouvera pas la grande propriété, encore moins la grande culture. Les habitations sont isolées, ou réunies seulement par petits groupes ; l'eau en effet est partout en abondance. On s'ingénie à vivre, tirant de tout un peu de profit, demandant à l'industrie des ressources, quand le sol en est trop avare.

Le Bugey. — La région lyonnaise est limitée à l'est par la barrière montagneuse du Jura, et des Alpes. De profondes coupures qu'ont empruntées les cours d'eau, la pénètrent en plus d'un point, rendant ainsi les communications faciles entre la plaine et la montagne. Par là des relations se sont établies entre les vallées intérieures et la grande ville. En plus d'un endroit l'industrie lyonnaise a pénétré. C'est à Lyon que les Dauphinois et les Savoyards descendent de préférence pour chercher fortune. Et cependant la montagne garde sa vie propre. Quelque fréquents que soient aujourd'hui les rapports de Grenoble avec Lyon, la vieille capitale dauphinoise ne se laisse point absorber ni amoindrir. Dès qu'on a passé la haute chaîne qui domine le lac du Bourget, ou les solitudes boisées des montagnes de la Chartreuse, dès qu'on a atteint les plateaux du Vercors, couverts de magnifiques forêts, on est entré dans un pays nouveau, qu'il serait inexact de confondre avec la vraie région lyonnaise.

Il n'en est pas tout à fait de même pour le Jura méridional, et dans une étude consacrée à Lyon, on ne saurait légitimement le laisser à l'écart. Le Rhône unit les deux pays, et la grande route de Genève les met en relations constantes. Malgré ses sommets élevés, le Jura méridional a des plaines basses et ouvertes, où le soleil vient mûrir la vigne, — c'est une ressemblance avec les bords de la Saône. — Enfin l'industrie lyonnaise y pénètre de plus en plus. Pour toute ces raisons nous devons rattacher cette partie de la zone montagneuse à la région lyonnaise.

Le Jura le plus méridional porte le nom de Bugey. On distingue le haut et le bas Bugey, le premier au nord, le second au sud. Le haut Bugey correspond à peu près à l'arrondissement de Nantua, le bas Bugey à celui de Belley. Bien qu'il soit formé surtout de hautes chaînes parallèles, atteignant plus de 1.5oo mètres sur les crêtes qui dominent la plaine suisse, le Jura méridional comprend aussi des plateaux, comme celui d'Hauteville, comme le Valromey, d'où descend le Séran par une magnifique cascade aux environs d'Artemare. Le Valromey s'élève au-dessus de la plaine de Belley, petit bassin enfermé entre des hauteurs de plus de mille mètres. C'est la partie la plus riche du Bugey ; avant l'invasion du phylloxera, la vigne y donnait un excellent revenu. Elle tend à reprendre heureusement son ancienne importance. Magnifiques forêts de sapins, garnissant les plateaux et les flancs abrupts des montagnes, eaux vives issues de sources abondantes, telles sont les beautés de ce Jura méridional. Telles en sont aussi les richesses. L'exploitation des bois est une des ressources du pays et les ruisseaux y animent les scieries et les usines. Le Rhône, sorti du lac de Genève, le traverse par une série de combes et de cluses, coulant tantôt resserré dans de profondes fissures, tantôt s'étalant librement dans de petits bassins marécageux. Un de ces défilés est célèbre, celui de l'Ecluse, au-dessous duquel le fleuve, enfermé dans un étroit couloir, se précipite dans un gouffre pour reparaître à quelque distance. C'est la Perte du Rhône. On a récemment cherché à utiliser la force produite par ce courant violent, pour créer sur le plateau de Bellegarde toute une installation industrielle. Le Rhône a dans la traversée du Jura un cours trop accidenté pour qu'une route ait pu le suivre. Aussi n'est-ce point sa vallée qui, de tout temps, a servi aux communications, mais celle de l'Albarine, affluent de l'Ain, qui débouche à Ambérieu du massif. Une autre rivière, le Furan, prolonge à l'intérieur la coupure et mène dans le bassin de Belley. Le chemin de fer passe aujourd'hui par ce défilé. L'industrie s'est établie en plusieurs endroits le long de la ligne, à Saint-Rambert, à Tenay, à Virieu-le-Grand. On la retrouve encore sur le Rhône, avec les mines d'asphalte de Seyssel.

III

Le climat

Il serait d'un très grand intérêt de connaître avec précision le climat de la région lyonnaise et de pouvoir le comparer à celui des pays voisins : la Provence ou la plaine suisse, par exemple. Il faut reconnaître en toute franchise que les éléments font encore défaut pour écrire un chapitre de ce genre. On trouvera plus loin des moyennes dignes de confiance, relatives au climat de la ville de Lyon. Elles proviennent des observations faites depuis 1878 au parc de la Tête-d'Or. Les renseignements météorologiques recueillis avant cette époque l'avaient été dans des conditions défectueuses. La température moyenne qu'on en peut déduire paraît, on le verra. notablement trop élevée (1). Il y a relativement peu de temps qu'on fait des observations suivies à l'Observatoire de Saint-Genis-Laval, qui est de construction toute récente, et en d'autres points bien choisis du département du Rhône ou des départements voisins.

Tout au plus peut-on dégager des données existantes certains faits précis qui ont leur importance. C'est, d'abord, que la température moyenne de Lyon même est plus basse qu'elle ne semblerait devoir l'être d'après la latitude de la ville. Elle n'atteint pas, en effet, 11°. D'autre part, la température moyenne du mois le plus froid (janvier) est de — 2°,5; celle du mois le plus chaud (juillet) est de 26°,9, l'écart est de plus de 29°. Il est de 27° entre les températures moyennes d'hiver et celles d'été. Ces chiffres sont très élevés. Lyon peut passer, en France, pour avoir un climat extrême.

La cause de ces variations étendues paraît être dans la direction des vents. C'est le vent du nord qui domine à Lyon. Il souffle en moyenne 1.238 fois, pendant que le vent du sud ne souffle que 380 fois. Le vent d'est est plus fréquent que le vent d'ouest : 638 fois contre 464. Le vent du nord s'engouffre évidemment dans la plaine de la Saône, pour s'abattre sur Lyon, celui du sud n'y parvient que difficilement, malgré le couloir du Rhône ; mais il amène en été une chaleur particulièrement accablante. Chargé d'humidité, il obscurcit, il alourdit l'atmosphère. Les vents du nord au contraire font les hivers rudes, avec d'assez longues périodes de basses températures. Lorsqu'elles se relèvent, apparaissent les brouillards.

Les brouillards de Lyon sont célèbres. La légende en a

(1) M. André, directeur de l'Observatoire de Lyon, a utilisé, en 1880, tous les documents qu'on avait à cette époque dans ses *Recherches sur le climat du Lyonnais*, Annales de la Société d'agriculture de Lyon, 5e série, t. III, 1880.

peut-être exagéré la fréquence et l'épaisseur. Il est cependant indéniable qu'ils existent. A quelles causes faut-il les attribuer ? c'est ce qu'éclairciront sans doute des observations plus nombreuses. Mais dès à présent on sait que le ciel est très souvent pur à quelque distance de la ville, et notamment sur les plateaux, alors que la ville elle-même est assombrie. Lyon, ainsi que l'ont démontré les données recueillies au mont Verdun et à Saint-Genis, est un centre de froid par rapport aux régions environnantes. Dans beaucoup de cas, surtout le matin, la température de l'eau des deux fleuves est supérieure à celle de l'air, d'où condensation fréquente de vapeur à leur surface et formation de ces nappes de brouillard qui planent quelquefois sur la rivière sans dépasser, sans atteindre même la hauteur des maisons. Cette condensation, d'ailleurs, est rendue plus apparente encore par les poussières en suspension dans l'air et qui proviennent de la fumée des nombreuses usines.

La quantité d'eau qui tombe annuellement sur Lyon est assez considérable : 761 millimètres ; c'est beaucoup plus que la moyenne des pluies en France. Ce sont celles d'été et surtout d'automne qui contribuent le plus à élever ce chiffre ; mais les pluies d'été sont souvent des pluies d'orage. Toute la région est d'ailleurs bien arrosée, au grand profit de la richesse agricole.

En résumé, le climat de Lyon rattache plutôt cette ville à la France du nord qu'à celle du sud. Cette remarque est très importante ; nous aurons plus loin à en tirer parti.

Dans ses études de géographie botanique (1), M. le docteur Magnin, cherchant à caractériser la flore de la région lyonnaise, constate d'abord que ses plus grandes ressemblances sont avec la flore de la France centrale ; mais il ajoute qu'elle présente « des contrastes », que plusieurs espèces méridionales y pénètrent, remontant quelquefois

______

(1) *La Végétation de la région lyonnaise et de la partie moyenne du bassin du Rhône.* Bâle, Lyon-Genève, 1886.

assez haut dans les vallées du Rhône et de la Saône.
Pareille observation a été faite pour la faune. C'est évidemment l'influence du climat qui s'exerce, et ces curieuses
remarques des naturalistes confirment les résultats, quelque
imparfaits qu'ils soient encore, des données météorologiques.

IV

La région lyonnaise dans l'histoire

La ville de Lyon est le centre naturel de la région que
nous venons d'étudier. Au pied de ses collines, imposées
par le relief du sol, convergent plusieurs grandes routes,
dont les voies ferrées modernes ont dû s'accommoder,
comme autrefois les voies romaines. C'est d'abord celle du
Rhône et de la Saône qui, en se continuant vers le Rhin,
ouvre une communication facile entre la Méditerranée et
l'Europe du nord ; c'est elle surtout qui a commencé la
fortune de Lyon, à une époque où les rivières étaient
encore les plus pratiques des routes. On sait l'importance
qu'avaient à l'époque romaine les bateliers de la Saône.
Par la plaine du bas Dauphiné, Lyon est encore en relations faciles avec Grenoble, qui occupe le débouché naturel
des vallées alpines ; par le haut Rhône et les défilés de
l'Albarine, avec Genève et la plaine suisse ; par les vallées
du Gier et de la Brevenne, avec la Loire. Toutefois la vallée
de la Brevenne, qui forcerait à de grands détours, n'a jamais
été très fréquentée. La voie romaine de Lyon à Feurs
coupait droit à travers le plateau lyonnais, descendait sur
Sainte-Foy-l'Argentière et, par les dernières pentes de la
chaîne du Pélerat, atteignait directement Feurs, l'ancien
Forum Segusiavorum. La route moderne suit à peu près
le même tracé. Par la vallée de la Turdine, au delà du

mont Tarare, on débouche sur Roanne. Enfin, beaucoup plus au nord, à la hauteur de Chalon, s'ouvre entre la Saône et la Loire la large dépression de la Dheune et de la Bourbince qu'utilise aujourd'hui le canal du Centre. L'ancienne voie romaine évitait cette dépression marécageuse et de Chalon gagnait directement Autun. Faut-il rappeler encore que. de la Saône on arrive aisément à la Moselle, et que les Romains avaient projeté de creuser là un canal qui vient seulement d'être construit?

La position de Fourvière, si facile à défendre, au point de croisement de toutes ces routes, devait attirer des habitants. Elle était occupée bien avant que Munatius Plancus y amenât de Vienne des colons (1). Mais c'est de l'époque romaine que date la prospérité de Lyon, c'est alors qu'elle a commencé à déborder sur la péninsule d'entre Rhône et Saône, qu'elle s'est étendue sur le plateau voisin de la Croix-Rousse. Le temple de Rome et d'Auguste, qui fut non seulement le grand centre de la religion officielle, mais encore une sorte de capitale politique de la Gaule romaine, était sur la pente de ce plateau, au-dessus de la place des Terreaux actuelle. On lira plus loin l'exposé des agrandissements successifs de la ville de Lyon ; on verra comment ils correspondent aux différentes phases de son histoire.

Elle se résume en peu de mots, cette histoire parfois si troublée : Lyon est toujours resté un centre de vie urbaine. Après l'effondrement de la puissance romaine, les Burgondes essaient d'en faire la capitale de leur royaume ; Charles le Chauve, au ixe siècle, l'érige à son tour en capitale du royaume de Provence. Ces tentatives sont éphémères. La ville de Lyon revient toujours à elle-même. Attribuée à l'empire d'Allemagne, elle conserve par l'éloi-

---

(1) M. Emile Jullien, professeur à la Faculté des Lettres de Lyon, a, dans un livre récent : *Le fondateur de Lyon, Histoire de Munatius Plancus* (Lyon, 1893), élucidé les difficiles problèmes que soulevait cette question de la fondation de Lyon.

gnement même de l'empereur une véritable indépendance.
La féodalité ne l'absorbe pas ; elle lutte énergiquement
contre les comtes du Forez, et n'accepte d'autre autorité
que celle de son archevêque. Puis, des mains ecclésiastiques,
le pouvoir finit par tomber entre celles des consuls. Sous
la domination française, ce sont eux qui demeurent les véritables maîtres, jusqu'au moment où, pendant la grande
crise de la Révolution, l'esprit municipal s'affirme encore
par la résistance, par la guerre déclarée à la Convention.

Comment Lyon, si bien placé, semble-t-il, pour devenir
la capitale d'une grande province n'a-t-il été qu'une grande
ville ? Comment cette ville ne s'est-elle contentée que du
minimum de territoire qui lui était nécessaire pour rester
maîtresse chez elle ? L'ancien Lyonnais ne comprenait
guère, en effet, qu'une large banlieue sur la rive droite
du Rhône et de la Saône : le Plateau, les vallées du
Gier, de la Brevenne, de la Turdine, la partie inférieure
de la vallée d'Azergue. Il n'avait même pas l'étendue
du département actuel du Rhône. Le gouvernement du
Lyonnais, qui touchait à la Loire, la généralité de Lyon,
qui eut les mêmes limites, ne furent que des divisions
administratives, au même titre que le département de
Rhône et Loire, contre lequel les populations ne cessèrent
de protester, jusqu'au dédoublement. Comment ni le bas
Dauphiné, ni la Dombes, ni la Bresse, ni la plaine de la
Saône n'ont-ils jamais dépendu de Lyon ? Il y a là comme
une anomalie, comme un non-sens de l'histoire.

L'anomalie n'est qu'apparente ; et quand on lit l'histoire
de Lyon, on s'explique très bien, au contraire, le désin-
téressement de la grande cité pour les conquêtes militaires.
Il tenait d'abord à des raisons physiques. Le Rhône, tel
que nous le voyons aujourd'hui en amont de Lyon, est un
réel obstacle aux communications des deux rives. Or son
lit n'était guère mieux établi sur l'emplacement actuel
des Brotteaux et de la Guillotière. Le nom de Brotteaux

n'est en réalité qu'un nom commun, qui se retrouve plusieurs fois dans la nomenclature de la région. Il signifie terre basse, exposée à l'inondation. Toute cette plaine sablonneuse était bordée de lônes. Le pont de la Guillotière ne fut commencé qu'au xiiie siècle; il resta le seul jusqu'à la fin du xviiie. Le fleuve fut vraiment ici une limite, Le plateau de la Dombes, d'autre part, n'était pas une conquête bien tentante. Il suffisait à Lyon d'être maître des quelques villages situés à son extrémité, comme aussi de l'étroit défilé de la Saône. Il y eut là, sur la rive gauche de la rivière, une petite annexe du Lyonnais, qu'on appela le Franc-Lyonnais.

Mais ces raisons physiques sont secondaires : un peuple militaire ne se laisse pas arrêter par des obstacles de ce genre, il conquiert souvent pour conquérir. Or les Lyonnais étaient des marchands; leur ville avait grandi par le commerce. Ils formèrent bientôt une république, où nul ne put dominer. Le seul maître qu'ils eurent jusqu'au xiiie siècle fut leur archevêque, maître moins dangereux qu'un laïque. Encore s'affranchirent-ils de sa tutelle. Il n'y eut pas à Lyon de noblesse, pas même de noblesse de robe. Nul ne s'y éleva par la guerre, nul n'y put prendre le pouvoir pour satisfaire des ambitions personnelles. La destinée des grandes villes de commerce fut, à l'époque du morcellement féodal, d'être petites par leur territoire. Au moyen âge, Lyon fut une république commerciale, comme les vieilles cités de la Hanse.

Mais après qu'elle fut entrée, au xive siècle, dans le domaine du roi de France, et à mesure que les provinces voisines s'y rattachèrent à leur tour, son isolement s'atténua et nous voyons bientôt commencer comme une conquête pacifique de Lyon sur tout le pays qui l'environne.

Lorsqu'on parcourt aujourd'hui la région lyonnaise, on ne peut manquer d'être frappé de la place importante qu'y tient la ville de Lyon. Grâce aux chemins de fer, c'est à Lyon que l'habitant du Dauphiné ou de la Bresse vient s'approvisionner de ce qu'il ne trouve pas sur place. C'est à Lyon que le paysan émigre pour y chercher fortune, comme dans le nord il va à Paris. Ce sont les journaux de Lyon qui sont lus dans tous les départements limitrophes. Par là s'exerce une influence politique non douteuse. L'union des syndicats agricoles du sud-est, qui a son siège à Lyon, étend son action sur les départements de la Savoie, Haute-Savoie, Drôme, Isère, Ain, Saône-et-Loire, Loire, Rhône, Ardèche et Haute-Loire. Enfin, directement ou indirectement, Lyon fournit du travail non seulement à sa banlieue, mais au loin dans tout le pays. C'est en effet un phénomène très important à noter que l'émigration actuelle de ses fabriques jusque dans l'Ardèche, la Savoie, même jusque dans le Puy-de-Dôme. Après les grands centres industriels comme Saint-Etienne, Saint-Chamond, nés de Lyon et qui restent en relations étroites avec lui, il s'est formé à notre époque beaucoup de centres secondaires qui font rayonner de plus en plus l'industrie lyonnaise. Ce sont des capitaux lyonnais qui les ont fondés et qui les soutiennent. Lyon est vraiment aujourd'hui la capitale d'une grande province industrielle.

V

Géographie économique

Les industries de la région lyonnaise sont très variées : on pourra s'en rendre compte en lisant les notices qui accompagnent ce travail. Mais il en est une qui l'emporte sur toutes les autres, l'industrie textile, et au premier rang l'industrie de la soie.

Je n'ai pas à écrire ici l'histoire de la soierie lyonnaise. Je voudrais seulement rechercher les causes de son développement et tâcher de résoudre le même problème pour nos autres textiles. Il n'est pas en effet d'études plus attrayantes, plus pleines aussi d'enseignements, que celles qui se rapportent à la localisation des industries. Si, en effet, elles ne naissent pas toutes seules du sol, si à leur origine on trouve nécessairement l'intervention de la volonté et de l'activité humaines, il n'est pas douteux que le milieu même où elles grandissent n'ait souvent sur leurs progrès une influence déterminante. Ce n'est pas sortir du domaine de la géographie que de chercher à élucider ces délicates questions. La nature n'est pas intéressante seulement en elle-même et pour elle-même, elle l'est aussi par l'action apparente ou occulte qu'elle exerce sur l'homme.

L'industrie de la soie a été importée d'Italie en France au xvᵉ siècle par des proscrits de Gênes, de Florence et de Pise. Pourquoi sont-ils venus de préférence à Lyon ? C'était la première grande ville qu'ils rencontraient au delà des Alpes, et, de tout temps, Lyon avait été en relations étroites avec les Italiens. Leurs grandes maisons de banque y possédaient des comptoirs. Lyon avait sa colonie, sa « nation » italienne. Il fallut d'abord faire venir de l'étranger toute la matière première, jusqu'au moment où l'élevage du ver à soie s'introduisit dans la vallée du Rhône et commença à alimenter en partie la fabrique lyonnaise. Il est très remarquable que dès le milieu du xviᵉ siècle le moulinage, c'est-à-dire l'art de faire passer la soie du cocon sur une bobine et de tordre ensemble plusieurs *brins* pour en faire le fil de soie qui va servir au tissage, se soit installé dans la vallée du Gier, à Saint-Chamond, et qu'il s'y soit développé à tel point que bientôt on pouvait compter plusieurs centaines de moulinages, établis sur cette rivière ou ses affluents. Saint-Chamond est resté jusqu'au commencement du xviiiᵉ siècle le centre du moulinage. C'est à partir de 1720 seulement que cette industrie a émigré dans le midi, pour se rapprocher des lieux de production de la soie. La facilité d'obtenir par des chutes d'eau la force motrice nécessaire l'avait d'abord fixée dans la région montagneuse. C'était la première tentative faite pour approprier les ressources du pays à l'industrie de la soierie. L'élevage du ver à soie, qui exigeait la culture du mûrier, en était une autre. Bien que le mûrier, en effet, puisse croître au nord de la vallée du Rhône, il faut qu'il ait des pousses assez précoces pour pouvoir nourrir le ver au moment de sa croissance.

L'industrie lyonnaise de la soie n'en était pas moins importée et factice; elle s'est développée, en somme, grâce à la protection des rois de France. Elle n'était pas d'abord localisée à Lyon. Nîmes, Tours, Paris faisaient concurrence à nos fabriques, mais Lyon avait sur ses rivaux un avantage. Dès 1540, il avait été déclaré l'unique entrepôt des soies qui entraient en France. Les fabricants de Tours ou de Nîmes devaient donc faire passer par Lyon les soies qu'ils se procuraient à l'étranger. Bien des fois ils tentèrent de se soustraire à cette servitude, mais constamment le privilège renouvelé maintint le marché à Lyon.

D'autre part la fabrique n'eut pas trop à souffrir des règlements étroits qui ont pesé pendant l'ancien régime sur la plupart de nos industries. Déjà Henri IV et Louis XIII l'avaient, par lettres patentes, exemptée « des longueurs, frais et dépens de chefs-d'œuvre, qui se pratiquaient dans les autres villes ». Les édits de Colbert trouvèrent à Lyon bien des tempéraments. Tantôt c'était une étoffe nouvelle qu'on inventait et qui échappait aux prescriptions, tantôt le Consulat, qui était le véritable maître, interprétait, remaniait même les articles des règlements. La fabrique lyonnaise était devenue trop importante pour qu'on n'eût pas pour elle quelques ménagements.

Mais cette part faite à la protection, il faut reconnaître qu'elle dut aussi à elle-même, à son activité, à son intelligence, à son ingéniosité, ses progrès et sa fortune. Dès le xviie siècle elle construisait des métiers nouveaux, et le perfectionnement de l'outillage a toujours été, depuis, la préoccupation constante du tisseur lyonnais. Vingt noms seraient à citer parmi ceux de ces inventeurs obscurs ; il en est un du moins qui n'est pas tombé dans l'oubli, c'est celui de Jacquard. Mais ce n'est pas seulement le perfectionnement du métier que Lyon poursuivit sans relâche, c'est aussi celui des produits fabriqués. Combien de dispositions nouvelles n'ont-elles pas été trouvées, combien de dessins imaginés ! Le tissage de la soie est une véritable science. Nulle part plus qu'à Lyon elle n'eut ses pratiquants et ses maîtres. Enfin, et surtout, les Lyonnais cherchèrent à donner à leurs étoffes une valeur artistique originale. Ils arrivèrent, au xviiie siècle, à supplanter tous leurs rivaux, à créer un art de la décoration appliqué à la soierie. Ce fut la grande époque de la soierie lyonnaise. Elle n'a pas retrouvé encore, de nos jours, le goût merveilleux qui distinguait alors ses produits.

Et, cependant, elle n'avait pas vécu et prospéré sans difficultés et sans crises. Un coup terrible lui fut porté en 1685 par la révocation de l'édit de Nantes. Lyon, Saint-Étienne et Saint-Chamond occupaient, quelques années auparavant, 28.000 ouvriers à « l'art de soyerie ». Il n'y en avait que 10.000 à peine en 1701. C'est alors que des tisseurs huguenots allèrent porter leur industrie en Angleterre, en Suisse, en Hollande, en Allemagne. De cette époque date la naissance de la soierie à Zurich et à Crefeld, dans ces grands centres qui font aujourd'hui à Lyon une si redoutable concurrence. Les rivalités des Guelfes et des Gibelins avaient introduit en France le tissage de la soie ; ce sont nos luttes religieuses qui l'ont donné à nos voisins. Les querelles intérieures ont de ces lointaines conséquences.

Les dernières années du règne de Louis XIV, les misères de tout genre qui assaillirent la France à cette époque ébranlèrent de nouveau l'industrie lyonnaise, déjà si fortement atteinte. La ville fit des prodiges pour soutenir ses manufactures. Il lui fallait à tout prix garder ses ouvriers. L'intérêt de la cité n'était pas seulement en cause, un sentiment plus élevé dominait : la pitié pour « les pauvres ouvriers »; vingt mille livres environ, produit des aumônes, furent distribuées par mois pendant la crise.

Quand une ville a tant fait pour une industrie, quelque étrangère qu'elle soit au pays, elle finit par s'y acclimater, par y vivre comme dans sa véritable atmosphère. Et cela est vrai surtout pour les industries de luxe, qui exigent de longues traditions de labeur et de pratique. « Donnez-moi les ateliers de préparation de Lyon, disait en 1839 un fabricant allemand à Louis Reybaud, et je transporte Lyon à Elberfeld (1). »

La Révolution fut pour la fabrique lyonnaise une nouvelle crise plus dangereuse encore que les précédentes; car, en emportant dans la tourmente les classes privilégiées, elle enlevait du même coup à Lyon sa plus riche clientèle. Le nombre des métiers tomba alors à 2.500. L'industrie de la soie se releva cependant de ce coup, mais en se transformant ; elle dut son salut à la fabrication d'étoffes à bon marché. C'est alors que commence la période de la grande production manufacturière. C'est alors que Jacquard invente le métier mécanique. L'accumulation à Lyon des cotons du Levant pendant le blocus continental donne en même temps l'idée de fabriquer des étoffes mélangées soie et coton.

Les nécessités de la grande production ont leurs conséquences : il faut produire à bon marché pour vendre de même. Le métier mécanique est un instrument coûteux qu'on ne peut pas laisser trop longtemps inactif; il faut l'occuper. Dès le commencement du siècle la question s'est

(1) Ed. Aynard, *Lyon en 1889.*

posée à Lyon de la main-d'œuvre à bon marché. Elle n'a pu être résolue que par l'émigration d'une partie des métiers à la campagne.

Jusqu'à la fin du XVIIIe siècle les métiers étaient restés dans la ville, sur les bords de la Saône d'abord, dans les vieux quartiers qui avoisinent la cathédrale, sur la colline de Saint-Just, puis sur celle de la Croix-Rousse. Or, dès 1819, lors de l'Exposition nationale, on constatait déjà, à propos des étoffes mélangées, qu'il avait fallu « associer les campagnes, dans un rayon de plus de deux myriamètres, à cette branche de l'industrie lyonnaise ». En 1833, sur 34.083 métiers recensés dans le département du Rhône, 5.263 étaient déjà disséminés principalement dans la région montagneuse, à Tarare, à l'Arbresle, à Saint-Genis-Laval, à Neuville, à Limonest, à Saint-Laurent-de-Chamousset, à Givors, au Bois-d'Oingt. M. Arlès-Dufour, dans une brochure publiée en 1834, estimait que si l'on eût fait la même enquête dans les départements voisins, on eût trouvé plus de 9.000 métiers de soieries. Cette concurrence faite par la campagne à la ville, qui exaspérait les tisseurs lyonnais, fut la cause des émeutes sanglantes de 1831 et de 1834.

Il y a là un phénomène curieux et qui mérite de retenir un moment notre attention. Ce ne furent pas des tisseurs lyonnais qui émigrèrent à la campagne, mais des paysans qui montèrent sur le métier à soierie. Leur apprentissage fut d'autant plus facile, qu'ils tissaient déjà de la toile ou du coton.

La région lyonnaise, si l'on met à part le vignoble des bords de la Saône et les pentes du plateau de la Dombes, n'est pas, en somme, un pays de riches produits agricoles. Les montagnes lyonnaises et beaujolaises sont naturellement pauvres. Il y a longtemps que le paysan y demandait à l'industrie l'appoint nécessaire à sa subsistance. [Cette industrie était naturellement toute locale, c'était le tissage

du chanvre ou du lin, dont les plaines du Forez et de la
Saône fournissaient la matière première. Le tissage des
étoffes grossières, des toiles nécessaires au ménage, est né
là sur place; puis, peu à peu, pendant les longs loisirs de
l'hiver, les montagnards se mirent à fabriquer des produits destinés à être vendus, même exportés (1). Déjà sous
le règne d'Henri IV, Thizy était un centre important de
fabrication. Charlieu, dans Saône-et-Loire, était un autre
centre. Roanne, sur la Loire, à proximité de la montagne,
devint un marché de chanvre et de lin. Les tissus s'affi-
naient; on se mit à faire du linge de table, spécialité qui
s'est conservée au moins en un point, à Panissières, dans
la Loire. A un autre endroit, au pied des montagnes dauphinoises, à Voiron, le tissage de la toile s'était également
ment développé, il y existe ancore, et un genre particulier
d'étoffe porte le nom de toile de Voiron.

Du tissage de la toile, on passa au tissage du coton. C'est
dans la dernière moitié du XVIe siècle que l'industrie cotonnière commença à pénétrer en France. Comment fut-elle
introduite dans la région montagneuse du Beaujolais et du
Lyonnais? La question reste obscure. Peut-être est-ce par
Lyon que le nouveau textile entra dans la fabrique. En
1580, dit Savary (*Dictionnaire du commerce*, article :
Commerce de la généralité de Lyon), on avait apporté de
Milan à Lyon la fabrication des futaines et des basins, et

(1) Dans sa *Description générale de la ville de Lyon*, écrite en
1573, Nicolas de Nicolay parle en ces termes du tissage de la toile
dans la montagne : « Aux pays de Lyonnois, Beaujollois, Forest,
Charlieu et Charrolois, en quelques lieux du Dauphiné, mesme a
Sainct Symphorien d'Auzon, y a plusieurs bons tisserans, qui se
sont mis à faire grand train de toilles de chanvre, de lin et des toilles
estroictes, claires et blanches, lesquelles sont enlevées ès foires de
Lyon pour estre envoyées en Turquie, Alexandrie et Surie, pour
faire des Tulbans d'icelles pour les Turcz. » *Description générale de
la ville de Lyon et des anciennes provinces du Lyonnais et du Beaujolais*, par N. de Nicolay, publiée et annotée par la *Société de topo-
graphie historique de Lyon*, Lyon, 1881.

d

trente ou quarante ans après, on l'avait introduite dans la montagne (1). Les futaines et les basins sont des étoffes mêlées de coton. Il est bien probable que c'est par les marchands lyonnais, acheteurs des toiles de la montagne, que l'usage du coton fut vulgarisé dans le Beaujolais et le Roannais. On se servit d'abord de cotons filés, puis on fila dans le pays. En 1733 cette industrie était devenue déjà assez importante dans le Beaujolais et le Roannais, pour qu'on la soumît, ainsi que le tissage du coton, à une réglementation. D'ailleurs l'arrivée du nouveau textile n'avait pas été sans provoquer des troubles, les toiliers protestant naturellement contre la concurrence faite au lin et au chanvre. Les produits du coton filé étaient fort divers : doublures, tissus blancs destinés à fournir des indiennes, des guinées, enfin mousselines unies ou brodées. La fabrication de la mousseline fut introduite à Tarare en 1756 par Simonnet, fils d'un toilier, qui l'avait étudiée en Suisse. Simonnet mourut pauvre ; comme beaucoup d'initiateurs, il ne connut de son œuvre que les difficultés du début ; mais elle grandit après lui : la mousseline a fait la fortune de Tarare et de toute la région environnante. Le coton arrivait des Echelles du Levant à Marseille et à Lyon ; on le vendait en détail dans les différents marchés du pays, surtout à Thizy. Il était filé au rouet, puis revendu à de petits fabricants de la montagne occupant deux ou trois métiers. L'étoffe était achetée sur les marchés de Thizy, d'Amplepuis, de Tarare, de Chauffailles, par les négociants de Lyon, de Villefranche, de Roanne, de Char-

____

(1) Ce qui confirme ce témoignage, c'est le passage suivant des *Mémoires historiques et économiques sur le Beaujolais,* par M. Bresson, inspecteur du commerce et de la généralité de Lyon. Avignon, 1770 : « L'emploi du coton en Beaujolais date de 1610 ou environ, puisque c'est vers ce temps que les premières *futaines* y furent fabriquées. Ce n'est qu'en 1734-35 qu'on commença à filer dans cette province. Ce n'est même qu'en 1764 que la filature a été établie à Villefranche. »

lieu. Vers la fin du xviiie siècle l'industrie cotonnière faisait vivre dans cette région 20.000 personnes environ.

C'est au début de la Révolution que les premières machines à filer, dites Mull-Jenny, firent leur apparition dans le Roannais. Elles subirent le sort commun des machines qui tendent à se substituer au travail à la main. On les brisa à Thizy. Les filatures mécaniques se développèrent cependant assez vite. Mais les guerres de l'Empire, en fermant à la France ses principaux débouchés, ruinèrent quatre de ces usines sur onze qui s'étaient installées de 1788 à 1806. De 1815 à 1848, et surtout à partir de cette époque, l'industrie roannaise n'a cessé de s'accroître (1). On retrouvera plus loin, dans une note spéciale, un tableau de son importance actuelle.

C'est dans la région montagneuse où se fabriquaient les tissus de Roanne que les métiers à soierie se sont de préférence installés. Dès 1823, une maison de Lyon en avait monté à Charlieu, dans Saône-et-Loire. En 1833, nous l'avons vu, le tissage de la soie avait gagné l'Arbresle et Tarare. En 1835, il était établi dans l'arrondissement de Roanne. Dès 1836 douze mille métiers à soie battaient dans les cantons de Charlieu, de Belmont, de Perreux. Ils étaient tous naturellement à la main. Suivant le système en usage à Lyon, ils appartenaient soit à l'ouvrier lui-même, soit à un contre-maître, traitant de gré à gré avec le fabricant. Le travail se faisait surtout en hiver, pendant les loisirs que laisse la campagne. Quant aux étoffes fabriquées, ce ne pouvait être que des soieries ordinaires, d'un débit assuré, pas trop soumises aux caprices de la mode qui ne se serait pas accommodée de ces intermittences.

Si l'on dresse la carte des régions où se trouvent les métiers à bras disséminés dans la campagne, on s'aperçoit qu'ils sont loin d'être régulièrement répartis autour de

(1) Cf. Maurice Dumoulin, *Histoire de l'Industrie roannaise*, dans *En pays roannais*, Roanne, 1893.

Lyon, et que ces régions forment des îlots industriels au milieu du pays agricole. C'est toujours dans les parties pauvres de la montagne que les métiers ont été installés. Si l'on ne tient pas compte de Villeurbanne, qui n'est qu'un faubourg de Lyon, c'est, pour le département du Rhône, dans les cantons de l'Arbresle, de Tarare, d'Amplepuis, de Lamure, de Saint-Laurent-de-Chamousset. Pour la Loire, dans les cantons de Charlieu, de Belmont, de Roanne, de Saint-Symphorien-de-Lay, de Néronde, contigus aux précédents. Dans Saône-et-Loire les métiers à bras occupent seulement l'extrême limite, vers le nord de la région roannaise, les cantons de Chauffailles, de la Clayette. Dans l'Isère, ils sont de préférence autour de Voiron, autre centre très ancien, nous l'avons vu, de tissage de la toile, et dans les cantons voisins du Grand-Lemps, de Virieu, de la Tour-du-Pin, du Pont-de-Beauvoisin, c'est-à-dire dans la région des Terres Froides. Dans l'Ain on les trouve dans la montagne, autour de Nantua, de Poncin, d'Yzernore.

Cette émigration des métiers à la campagne a été l'une des grandes transformations de l'industrie lyonnaise de la soierie depuis le commencement du siècle. Elle en a subi une autre, non moins considérable : la substitution au métier à bras du métier mû mécaniquement, par la vapeur ou par l'eau. Il a commencé à être employé vers 1860. Mais c'est depuis 1870 surtout que l'usage s'en est répandu. Et les usines à soierie se sont construites de tous côtés autour de Lyon, non seulement dans les régions où existait déjà le tissage, mais partout où la force motrice, l'eau de préférence, était à portée. Il y a aujourd'hui plus de 200 usines tissant pour Lyon et réparties dans les départements limitrophes. Mais la plupart, comme les métiers à bras, n'appartiennent pas aux fabricants. Elles sont à des industriels qui travaillent à façon, suivant l'ancien système en vigueur dans la fabrique lyonnaise.

Il est très remarquable que les usines à vapeur ne se soient pas établies de préférence dans le voisinage des houillères de la Loire. C'est que la plupart de ces usines sont mixtes et n'emploient la vapeur qu'à défaut d'une force hydraulique suffisante. Or, la houille de Saint-Etienne et de Rive-de-Gier, coûte, sur le carreau de la mine, plus cher qu'aucune autre houille française. L'hésitation n'était pas possible : il y avait avantage à se rapprocher des cours d'eau (1).

Voici le tableau du nombre de métiers travaillant pour la fabrique lyonnaise, groupés par départements (2) :

	Métiers à bras (3)	Métiers mécaniques.
Ain............	4.000	655
Ardèche........	200	1.469
Drôme.........	500	1.035
Gard	»	64
Isère	10.000	12.438
Loire (4).......	7.000	3.604
Haute-Loire....	3.000	»

(1) Je ne parlerai pas dans cette étude de l'industrie métallurgique dans la région lyonnaise. On trouvera sur ce sujet des renseignements très complets dans les études qui suivent. Je ne ferai qu'une remarque, c'est qu'en dehors du voisinage immédiat des mines, la présence de la houille n'a pas fait naitre dans la région d'industrie faisant une grosse consommation de ce combustible. Certes, il existe à Lyon et dans sa banlieue des fabriques de produits chimiques, des teintures, des ateliers de construction qui emploient des quantités importantes de houille; ce ne sont cependant pas des industries de *gros tonnage*. Cela tient au prix élevé du charbon stéphanois, et aussi au prix des transports par chemins de fer dans la région de Saint-Etienne, plus élevé que dans les régions minières du Nord.

(2) Chiffres pour les métiers à bras fournis par M. Pey, secrétaire du Syndicat de la soierie ; pour les métiers mécaniques, par le Syndicat du tissage mécanique des soieries.

(3) Le nombre des métiers à bras ne peut être indiqué que par à peu près, car ces métiers ne sont pas régulièrement occupés.

(4) Sur les 10.000 métiers à bras de la Loire, une partie travaille pour les fabricants de Saint-Etienne. On n'a pas fait figurer dans ce tableau 20 à 21.000 métiers à rubans.

	Métiers à bras.	Métiers mécaniques.
Rhône..........	26.000	3.778
Saône-et-Loire..	6.000	531
Savoie.........	2.000	798
Haute-Savoie...	300	650
Puy-de-Dôme...	»	50
	59.000	25.008

Si l'on met en face de ces chiffres les 15 à 16.000 métiers à bras et les 8 à 900 métiers mécaniques qui se trouvent dans Lyon même, on voit quelle a été l'importance, dans notre siècle, de cet exode de l'industrie lyonnaise.

Par le rayonnement de ses usines, par la construction des lignes de chemins de fer ou de tramways à vapeur qui la mettent en relations faciles avec sa banlieue la plus lointaine, la ville de Lyon s'est étroitement rattachée à la région dont la nature l'a faite le centre. Son industrie, venue de l'étranger et d'abord toute factice, s'est peu à peu adaptée au pays. Elle a profité des conditions, très favorables au tissage, que lui offraient les montagnes voisines : le métier y existait ; elle n'a changé que la nature du textile. Elle a surtout utilisé les cours d'eau, allant à leur recherche jusque dans le Vivarais, jusque dans le Jura, jusque dans les Alpes. Il y a dans ces innombrables torrents une force énorme, encore latente. Nul doute, lorsqu'on saura pratiquement la conduire jusqu'à des points dont les débouchés soient faciles — et la solution du problème est proche — nul doute que la fabrique lyonnaise ne soit à même de tirer de sa position géographique de nouveaux avantages.

Mais sans aller jusqu'à la montagne, la ville de Lyon possède dans son enceinte même un merveilleux moteur, le Rhône, qui va peut-être, après avoir été longtemps pour elle un danger, devenir l'auxiliaire le plus précieux de son industrie urbaine. Une compagnie s'est formée récemment qui se propose de dériver dans un canal une partie des eaux du Rhône en amont de Lyon, de l'utiliser pour mettre en mouvement des turbines, et de la rendre à l'entrée de la ville, en avant des digues qui protègent les Brotteaux. On espère ainsi obtenir une force de 12.000 chevaux, qui pourra être portée à 18.000. Les travaux vont commencer, la transmission de cette force se fera dans la ville par l'électricité, chaque turbine actionnant une machine dynamo-électrique. On espère ainsi pouvoir fournir à domicile la quantité de force demandée, sur tous les points de la ville et à tous les étages. Ce serait un avantage énorme pour la petite industrie ; ce serait, peut-être, la solution d'un des plus importants problèmes qui préoccupent la fabrique lyonnaise : retenir à Lyon le tissage et lui permettre de lutter contre la concurrence des usines, garder ces ateliers de famille, où le contre-maître, le *canut*, travaillait avec quelques compagnons sur des métiers lui appartenant, où se formait le vieux tisseur lyonnais, traitant de gré à gré avec le patron, aussi jaloux de son indépendance qu'amoureux de son art.

VI

La ville de Lyon. — L'esprit lyonnais.

En devenant de plus en plus capitale, Lyon a vu, depuis le commencement du siècle, sa population s'augmenter régulièrement. De 139.000 habitants qu'elle avait en 1789, de 177.000 en 1821, elle a passé à 438.000 en 1891. Il est vrai que, dans l'intervalle, plusieurs faubourgs ont été réunis à la ville ; mais en comptant ceux qui sont encore indépendants, on arriverait à un chiffre de 490.000.

Si la banlieue immédiate devient de jour en jour plus peuplée, la seconde zone, par un phénomène qui n'est pas rare autour des grandes agglomérations, semble plutôt se dépeupler. Le paysan ne peut s'y défendre de l'attrait de la grande ville.

Il faudrait encore tenir compte de la population militaire assez considérable, depuis que Lyon, défendue par une large ceinture de forts détachés, est devenue la place de réserve de notre frontière du sud-est. Elle doit ce grand rôle, il n'est pas besoin de le dire, à sa situation géographique.

La ville s'est étendue, embellie, assainie; de magnifiques quais, plantés d'arbres, dont le développement n'est pas moindre de 38 kilomètres, la mettent à l'abri des terribles inondations du Rhône et de la Saône. De larges rues ont été percées à travers les quartiers sombres d'entre Rhône et Saône. Une ville toute neuve s'est élevée depuis cinquante ans sur la rive gauche du fleuve, aux Brotteaux et à la Guillotière. Les grandes constructions y remplacent rapidement les masures du début, qu'on ne verra bientôt plus que dans quelques ruelles. C'est là que Lyon a sa plus belle promenade, son Parc de la Tête-d'Or, tracé sur l'emplacement d'un ancien marécage du Rhône; c'est là qu'elle a construit sa Préfecture et les nombreux bâtiments de son Université. Ses collines aux pentes couvertes de verdure lui sont un superbe décor, et de leurs sommets, par les temps clairs, la vue s'étend sans bornes sur les crêtes du Jura, sur le Mont-Blanc, le Pelvoux et les hauts plateaux du Vercors. C'est alors qu'on se rend le mieux compte de l'étendue de la région lyonnaise, enfermée dans cette étincelante ceinture de montagnes.

Cette étude ne serait pas complète si nous ne cherchions à présenter, en terminant, un portrait du Lyonnais luimême, non pas de l'habitant de la région lyonnaise, car, dans cet ensemble de pays différents, il faudrait noter trop de traits distincts de caractères, qui se fondraient mal dans une peinture d'ensemble; mais du Lyonnais de Lyon, du descendant de ceux qui ont lutté contre les archevêques tout en restant profondément religieux, qui, après avoir accueilli favorablement la Révolution, ont pris les armes contre elle, lorsqu'elle est devenue tyrannique.

Plus d'un écrivain a tenté de décrire l'esprit lyonnais; peu y ont réussi. C'est qu'ici plus que partout ailleurs, il faut se défier des apparences et des jugements hâtifs. On ne connaît bien Lyon qu'après l'avoir longtemps habité. Nous ne saurions mieux faire que de reproduire le portrait si finement observé qu'a fait de ses compatriotes un homme dont personne ne contestera l'autorité ni le talent.

« Le Lyonnais, dit-il, semble une race du Nord égarée dans le Sud, race de travailleurs pensifs qui, tout en portant haut ses regards, s'entend à exploiter la terre. Le Lyonnais s'agite dans les contraires, c'est pourquoi il est énigmatique. Tout se heurte en lui. Il est actif et contemplatif ; c'est un mystique intermittent, secoué par le rude travail ; il est mélancolique et crée Guignol, ce maître railleur plus profond que Polichinelle ; envieux et compatissant, prenant autant de soin d'empêcher ses semblables de mourir que de grandir, très intéressé et probe, de cœur chaud et d'aspect froid ; aspirant très haut, osant parfois beaucoup, et se résignant facilement à la médiocrité obscure, le Lyonnais entrevoit, rêve les grandes choses, se met en marche pour les atteindre et s'arrête. C'est un inachevé. Rien ne se complète ici, ni les monuments, ni les idées. C'est la cité du rêve et du réel, du chrétien austère, du visionnaire et du sectaire, de la folie soudaine et de la raison coutumière... C'est Lyon qui a créé la Propagation de la Foi et couvert le monde de missionnaires ; l'esprit contraire s'y révèle en ce que notre démocratie, raisonnable à tant d'égards, ne devient aveugle que lorsqu'il s'agit de questions religieuses. C'est la ville couverte d'institutions de bienfaisance qui semble allier, dans la charité, la douceur infinie du chancelier Gerson, qui a enseigné et est mort chez nous, au socialisme pieux de Valdo et des « pauvres de Lyon », aux méthodes pratiques de saint Vincent de Paul. C'est en même temps le lieu où la fortune discrète est assise sur une âpre économie »..... (1)

Faut-il expliquer ces contrastes par des causes extérieures ? Il n'est pas de problème plus délicat que celui des influences de la nature sur l'homme. Si elles ne peuvent être niées, dans quelle mesure intervienent-elles ? Donnent-elles seulement à une race les traits généraux de son caractère, ou doit-on leur demander encore l'explication de ces nuances, si difficiles à noter quelquefois, qui se reflètent dans l'esprit d'une population ? Il est prudent, dans les questions de ce genre, de se garder de toute exagération, de ne pas sacrifier le raisonnable à de séduisantes apparences. Il semble bien cependant qu'il y ait dans le climat extrême du Lyonnais une des raisons de cet esprit à la fois ardent et inquiet, enthousiaste et timide, hardi et timoré. Les durs hivers, les froids et les brumes qui condamnent l'homme à rester dans sa demeure, ne l'inclinent-ils pas à la mélancolie, à la méditation ? Les gais soleils, la vie au grand air, les cieux toujours limpides n'éveillent-ils pas au contraire, chez nos populations méridionales, la vivacité, l'esprit et l'insouciance ? Le Lyonnais subit tour à tour ce climat du Nord et ce climat du Midi, quoi d'étonnant qu'il en porte l'empreinte ?

L'esprit pratique de Lyon s'est de tout temps manifesté : c'est par un long labeur, par une ténacité de plusieurs siècles que le Lyonnais est arrivé à implanter dans son pays l'industrie qui en est la principale richesse, à la relever après toute ses crises, à conquérir de nos jours le grand

---

(1) Ed. Aynard. *Lyon en 1889.* Introduction aux rapports du comité départemental du Rhône pour l'Exposition universelle (section d'économie sociale et d'assistance). Réimprimé dans *Lyon à l'Exposition universelle de 1889,* par Adrien Storck et Henri Martin.

marché des soies sur ses rivaux de l'étranger. Il a pu s'as-
soupir quelquefois, se reposer comme après une victoire
gagnée ; les nécessités de la concurrence l'ont réveillé, l'ont
forcé à transformer son outillage, à apprendre et à parler
les langues, à voyager à l'étranger, en Amérique, lui qui autrefois n'eût quitté pour rien au monde les bords de la
Saône. Tirant de l'extrême Orient la plus grande partie de
sa matière première, il ne demande à l'Etat aucune protection, il sait qu'il ne peut prospérer que par la libre exportation. Il sait aussi que la lutte devient tous les jours plus
ardente et plus difficile, qu'il a des rivaux en Suisse, en
Allemagne, en Italie, en Russie, aux Etats-Unis, qui imi-
tent sans relâche ses produits, qui montrent une ingéniosité extrême à surprendre ses secrets. Il a conscience qu'il
ne peut maintenir sa supériorité que par l'excellence et
la beauté des étoffes.

Lyon eut au xviiie siècle une remarquable école de dessinateurs pour la fabrique. La grande crise de la Révolution
qui remplaça les étoffes de luxe par les produits à meilleur
marché, ruina cette glorieuse tradition et diminua singu-
lièrement la valeur artistique des soieries lyonnaises. C'est
à la rétablir dans son ancienne primauté que tendent
plusieurs institutions qu'il faut au moins signaler ici.
C'est d'abord, installé par la Chambre de commerce
dans le palais qu'elle occupe, le *Musée historique des tissus*,
« véritable laboratoire » offert aux dessinateurs et aux
décorateurs. Il se complète par une Bibliothèque d'art et
d'industrie, où sont conservés le plus grand nombre possible
de modèles. C'est l'*Ecole des beaux-arts*, qui s'applique
plus spécialement maintenant à l'art décoratif. Ce sont les
nombreuses Ecoles municipales de dessin, destinées à
éveiller, à affiner le goût. Certes, il n'est pas besoin d'être
un artiste pour créer ou tisser des étoffes ordinaires ; mais
les étoffes les plus simples elles-mêmes s'accommodent aussi
de cette distinction qui n'exige pas nécessairement un

prix élevé. Pour la renommée de la soierie lyonnaise, il faut qu'elle reste une industrie d'art.

A côté de cet esprit pratique, qui peut donner à une ville la richesse mais non la valeur morale et la véritable grandeur, les préoccupations élevées de beaucoup de Lyonnais se manifestent par l'attention qu'ils ont toujours accordée aux questions d'instruction, particulièrement au haut enseignement. Il n'est pas de sacrifices auxquels la ville, soutenue par toutes les classes de la population, n'ait allègrement consenti pour installer dignement ses facultés et ses laboratoires. Les temps sont loin où le Consulat s'opposait à la création d'une Université à Lyon « pour ne pas détourner les jeunes gens du commerce et de l'industrie ». Une société s'est formée, la première de ce genre en France, pour aider aux sacrifices faits par l'Etat en faveur de cette Université régionale, que Lyon appelle de tous ses vœux, pour lui prêter surtout l'appui moral dont elle a besoin. L'humanité, la charité, disons en un mot le bon cœur des Lyonnais, se révèlent par des institutions d'assistance, de prévoyance, religieuses ou laïques, qui sont l'honneur et la fierté de la ville de Lyon. Il serait impossible d'en citer ici même les titres. M. Francis Sabran, dans son *Manuel des œuvres de Lyon* pour 1893, en énumère 178, et dans le nombre ne sont pas comprises les institutions de prévoyance. Il en est une au moins qu'il faut signaler, c'est celle des *Hospices* de Lyon, administrés par un conseil laïque, servis par une congrégation libre de frères et de sœurs qui ne prononcent pas de vœux et s'engagent seulement à obéir à l'administration. Enrichis par des donations qui ne se sont jamais ralenties depuis plusieurs siècles, les Hospices civils de Lyon ont un revenu annuel de trois millions et demi. Leur plus sûre fortune est la possession d'une notable partie des terrains sur lesquels sont construits les Brotteaux. Ils leur furent légués, comme on le verra plus loin, au xviiie siècle, alors qu'ils étaient pour ainsi dire sans valeur. Il y a là, indépendamment des ressources actuelles, une réserve énorme pour l'avenir.

Outre les hôpitaux proprement dits et maisons de convalescence de Lyon et de la banlieue qui reçoivent les malades de la région, les hospices possèdent encore à Giens, dans le Var, le *Sanatorium* Renée Sabran, fondé en 1888, pour les enfants débiles ayant besoin de l'air marin. Le séjour, qui est de quatre mois et peut être prolongé, y est absolument gratuit pour les indigents. Les institutions de prévoyance de Lyon ne sont pas les moins intéressantes : celle par exemple des logements économiques, actuellement propriétaire de 73 immeubles dans les différents quartiers de la ville et pouvant loger 800 familles. Ce n'est pas une œuvre d'assistance. Chacun doit payer son loyer, relativement minime. On espère ainsi, par l'exemple et la concurrence, faire disparaître ces habitations malpropres et sans air qui sont la plaie des grandes villes. Dans le même but ont été créés des restaurants économiques qui font des bénéfices comme un commerçant ordinaire, mais ne délivrent que des aliments sains et des vins rigoureusement naturels. Je citerai encore, dans un autre ordre d'idées, la société d'Enseignement professionnel, fondée en 1864, qui a organisé des cours du soir, particulièrement destinés aux ouvriers ou aux employés voulant compléter leur instruction générale ou technique. Elle a compté jusqu'à huit mille élèves. Les cours ne sont pas gratuits : l'élève (sauf l'indigent) paie un droit d'admission de 3 fr. par semestre. La dignité de beaucoup est sauvegardée et l'assiduité assurée en même temps par cette contribution volontaire.

Toutes les institutions lyonnaises ont ainsi leur côté original, très pratique ; elles ne sont pas des copies de ce qui se fait ailleurs. Nées de besoins réels, elles ont été modifiées, transformées par l'expérience. Œuvres privées pour la plupart, elles ont toute indépendance pour s'organiser et se développer. C'est là une des conditions de leur succès. Il en est une autre cependant, c'est le dévouement des hommes qui sont à leur tête, et qui, sans bruit, avec une modestie exagérée — l'exemple est si rare que je veux le noter ici — par devoir simplement, par amour du bien, donnent sans compter leur temps, leur intelligence et leur argent.

L. GALLOIS.

ÉTUDES ET NOTICES

LYON ANCIEN

HISTOIRE ET TOPOGRAPHIE

L'histoire de Lyon peut se diviser en trois périodes, marquées chacune par une évolution topographique de la cité.

C'est d'abord, fondé sur la rive droite de la Saône, l'an 43 avant Jésus-Christ, le municipe romain qui conservera sinon sa constitution intégrale, au moins son caractère originel, après la chute de l'empire, sous les rois burgondes et francs.

. Puis, au cours des années ténébreuses où le gouvernement féodal s'établit en la personne des archevêques, la rive gauche de la Saône est peu à peu envahie par une population croissante qui, de siècle en siècle, couvrira tout le delta. Cette ville nouvelle, qui surgit en face de la cité seigneuriale, conquiert son indépendance, attire à soi le vieux municipe et, du tout, se forme une sorte de petite république oligarchique. Les rois de France l'annexeront à leur couronne, ils en altéreront la charte et les privilèges, sans, toutefois, lui enlever entièrement son autonomie.

Vient enfin la Révolution. Lyon, à l'étroit entre les deux rivières, s'apprêtait à traverser le Rhône. La monarchie s'écroule, les chartes municipales disparaissent, et l'agglomération lyonnaise commence aussitôt, sur la rive gauche du Rhône, un mouvement d'extension qui se poursuit sans arrêt.

Dans cette évolution, deux faits sont à remarquer. Au rebours de la loi générale qui veut que les villes, en s'étendant, s'avancent plutôt vers le couchant, Lyon s'est uniquement acheminé vers l'est. Il ne pouvait en être autrement. Formée de deux éléments juxtaposés, militaire et commercial, la ville a été attirée du côté de la plaine, à mesure que l'élément commercial l'a emporté sur l'autre. Les hauteurs de Fourvière ont été, de bonne heure, abandonnées et leur masse s'est dressée comme une barrière, s'opposant à tout accroissement à l'ouest.

De plus, il s'est trouvé, par suite de ce développement absolu en un seul sens, et par suite de la présence des deux fleuves, qu'il n'y a point eu, de prime abord, cohésion entre les nouveaux espaces conquis et le noyau primitif de l'agglomération. A Paris, par exemple, l'accroissement de la ville s'est produit par couches concentriques, et, bien que le mouvement ait été plus accusé en un sens, l'île de la Cité n'est pas moins restée centre topographique. De même, la Canebière à Marseille. Mais, à Lyon, ce sont des villes rivales qui se sont, l'une après l'autre, élevées : au moyen âge, sur la rive gauche de la Saône, et plus tard, sur la rive gauche du Rhône. L'antagonisme devait être d'autant plus persistant, qu'en raison des accidents géographiques, les mesures d'amélioration ne peuvent jamais embrasser l'ensemble, mais constituent souvent, pour la fraction qui en est l'objet, un privilège aux dépens des autres.

Il est encore une particularité à noter : le sol auquel les trois villes — antique, médiévale et moderne — ont successivement emprunté leur assiette, appartenait à des provinces différentes. Pour deux au moins, le fait est hors de conteste : la colonie romaine s'est établie sur le territoire des Ségusiaves et le Lyon nouveau s'étale en pleine terre dauphinoise. Quant aux quartiers sis entre les deux fleuves, on ne peut nier que ce delta n'est pas un prolongement naturel du plateau des Dombes et de Bresse, dont l'ethnographie et l'histoire ont, de tout temps, fait des terres distinctes du Lyonnais.

Non moins disparates, les éléments auxquels Lugdumun emprunta sa population.

Tout un ensemble de traditions et de faits confirment l'existence d'une bourgade établie, de temps immémorial, au Condate ou confluent du Rhône et de la Saône. Un port d'attache, au point de jonction de deux grands fleuves mettant la Gaule en communication directe avec l'Italie et l'Orient, s'était, de bonne heure, transformé en marché au moins périodique ; une population, mêlée de Gaulois et de trafiquants orientaux ou grecs, s'y fixa peu à peu.

Une tradition — maintenant contestée, mais pourtant des

plus vraisemblables — veut qu'un camp retranché ait été, après la conquête, assis par Marc-Antoine sur le plateau de l'ouest. Quand L. Munatius Plancus fonda la colonie de *Lugudunum Segusiavorum*, ce fut pour recevoir des légionnaires, expulsés de Vienne où le Sénat les avait établis. Dans les deux cas, c'était le romain qui se juxtaposait au grec et au gaulois. L'afflux du sang latin s'accrut lorsque, Lyon érigé en métropole des Gaules, l'an 22, tout un monde de fonctionnaires y vint séjourner.

La fusion, toutefois, fut lente. La prédominance de l'élément grec — plus stable que l'élément latin — paraît s'être maintenue longtemps, puisque c'est parmi les Grecs et les Asiates que l'Église de Lyon prit naissance ; c'est aussi dans leur langue que la prédication se fit jusqu'au ve siècle.

L'enceinte actuelle de la ville, de la Quarantaine à Pierre-Scize, représente, selon toute vraisemblance, celle que le fondateur dut tracer. La partie haute est réservée, presque en entier, aux édifices publics. Sur l'emplacement de l'hospice de l'Antiquaille s'élève la demeure impériale, *Domus Juliana*, séjour du légat et résidence des empereurs dans leurs fréquents passages à Lyon ; dans le voisinage est l'hôtel de la monnaie et la caserne de la cohorte urbaine. Au point culminant, occupé par l'église de Fourvière, le forum dresse sa masse imposante. Au sud du forum, ce sont les arènes ou amphithéâtre, et, non loin, le théâtre. Puis, des thermes, des temples à Mithra et à Mercure, des basiliques et des bâtiments destinés à de nombreux services publics dont quelques-uns embrassent, non seulement les trois Gaules, mais la Narbonnaise et les deux Germanies.

Dans le bas, aux bords de la rivière, c'est la ville marchande. Les nautes ou bateliers de la Saône ont leur port d'attache à l'endroit où se trouve la place du Change ; ceux du Rhône, vers Saint-Georges. Les négociants en vin ont établi leurs entrepôts en face, sur l'île d'Ainay, au quartier dit *in Kanabis*, aux Baraques. Pour avoir une idée du mouvement qui animait ces rivages, il faut se souvenir que les deux fleuves étaient l'unique voie de pénétration dans les Gaules et la Germanie. Lyon était comme un port maritime, à cent lieues dans l'intérieur des terres.

Les nautes et les négociants en vin forment les corporations les plus puissantes. Mais, à côté, sont les négociants cisalpins et transalpins, les constructeurs, les fabricants de bâches, les utriculaires ou fabricants d'outres, les confectionneurs de sayons, ces vêtements gaulois qui s'exportent dans le monde entier. Toutes ces corporations sont fortement organisées, possèdent des biens et des esclaves, et quelques-unes élèvent des statues à ceux de leurs membres qui, par les services rendus ou par leurs libéralités, ont bien mérité de la reconnaissance de leurs confrères. De plus, les inscriptions funéraires nous révèlent de nombreuses professions, non constituées en collèges ou associations : orfèvres, graveurs, libraires, verriers et potiers, marchands de comestibles, fabricants de savon, baigneurs, médecins. Il y a même des barbaricaires, brodeurs ou tisseurs d'or, qui brochent des étoffes à la navette.

L'île d'Ainay, Trion et Vaise forment des faubourgs d'une certaine importance. La population de l'agglomération lyonnaise peut être évaluée à soixante-quinze mille âmes.

Quant au territoire du confluent, il est constitué en domaine sacré. C'est là qu'ont été érigées, aux frais des trois Gaules, les constructions dont l'ensemble est compris sous le nom d'autel d'Auguste: l'autel dédié à Rome et Auguste, l'hémicycle où s'assemblent les députés des soixante nations, l'amphithéâtre fédéral où se donnent des jeux non sanglants. Des jardins couvrent tout le coteau, ornés de statues et d'innombrables monuments.

Trois aqueducs amènent à la ville romaine les eaux de la Brevenne, du mont d'Or et du mont Pilat. Le domaine des trois Gaules possède deux aqueducs: celui de Cordieu pour la conduite des sources du plateau supérieur, et celui de Miribel, puisant au Rhône et pouvant débiter par une double canalisation jusqu'à cent trente mille mètres cubes par vingt-quatre heures.

Plusieurs chemins pavés sillonnaient la ville. On a retrouvé l'assiette de deux d'entre eux : à Saint-Just, au-devant de la cour des Minimes, et à la montée des Carmélites. La chaussée avait quatre mètres de large, et des trottoirs de deux mètres la bordaient de chaque côté.

Quatre voies principales mettaient la métropole en communication avec les provinces : la voie d'Arles ou de la Narbonnaise, dont la porte de Saint-Just marque encore le point de départ; la voie d'Aquitaine, qui devait s'amorcer à la rue du Juge-de-Paix et prenait passage par une porte située vers la place de Trion; la voie de Boulogne, descendant du même point, par le bas de Loyasse, ou partant de la basse ville, par Vaise; enfin, la voie du Rhin, qui traversait le Condate et se continuait par le plateau de la Croix-Rousse. De nombreux embranchements et chemins de second ordre complétaient le réseau. Un des plus importants était le chemin de Lyon à Vienne, sur la rive gauche du Rhône, correspondant, en face, à une chaussée qui rejoignait le quartier *in Kanabis*. Les rues Mercière et Confort représentent un quai à chaussée, se dirigeant du Condate au Rhône.

Le tracé de ces chemins subsiste encore. Jusqu'au siècle dernier, les routes royales qui desservaient Lyon n'étaient autres que les anciennes voies romaines.

*
* *

La station marinière du Condate ne laissa pas d'acquérir une importance relative. Après la chute du paganisme et, plus tard, de l'empire, ce qu'on appelait, par opposition à la ville, le bourg de Lyon gagna les terrains du confluent. Une muraille, suivant le bas de la colline Saint-Sébastien, ferma le bourg au nord; une autre, élevée dans la direction de la rue Dubois, le défendit au midi.

Les évêques, à qui l'édit de Gratien (382) avait transporté les privilèges des flamines, établirent d'abord leur siège sur l'ancien territoire augustal. Mais lorsque Charlemagne entreprendra sa grande œuvre de reconstitution, l'archevêque Leydrade, son légat, investi du double pouvoir spirituel et temporel, ira se fixer sur la rive droite de la Saône, dans la vieille cité, où, depuis huit cents ans, ont résidé tous ceux qui commandaient à Lyon.

Le bourg s'accroît d'une génération à l'autre. Quand l'archevêque Humbert Ier, à la fin du xie siècle, réunit les deux fractions, déjà rivales, de Lyon par un pont sur la Saône, on peut prévoir le moment où le côté de Saint-Nizier, comme on l'appelle, secouera le joug de la métropole. Ce qui fut accompli dès le xiiie siècle.

Toute ville qui grandit reçoit nécessairement du dehors son supplément de population. C'est aux provinces riveraines du Rhône et aux pays d'outre-monts que Lyon a fait, de tout temps, la majeure partie de ses emprunts : aussi sera-ce une des villes les plus latines qui soient de ce côté des Alpes. Les Italiens, notamment, afflueront par milliers quand se créera l'industrie des soieries.

Cependant, la cité nouvelle, qui avait conquis son assiette sur les eaux, doit poursuivre sans relâche son œuvre de refoulement. Les canaux allant du Rhône à la Saône sont successivement comblés, les marais remblayés. Ce n'est qu'au xvie siècle, par l'assèchement des Terreaux et de Bellecour, que la presqu'île forme un tènement solide jusqu'à Ainay. Les constructions ont successivement occupé l'espace chèrement acquis ; on lésine sur la largeur des rues et des cours ; les maisons anciennes sont surélevées de plusieurs étages et les neuves sont bâties « aux dépens du ciel ».

Il faut bien dire que vainement l'enceinte du nord a été reportée en haut de la colline : l'emplacement du bas est seul recherché, et les établissements conventuels et hospitaliers couvrent, au siècle dernier, la moitié de l'espace compris entre les deux fleuves. Toujours en quête de terrains, la spéculation conquiert sur le Rhône tout le quartier Saint-Clair ; puis, vient Perrache, qui entreprend de prolonger la presqu'île sur une longueur de plusieurs kilomètres.

Mais il existe sur la rive gauche du Rhône un terrain d'attente, d'une étendue à peu près illimitée. Formée d'alluvions et sans cesse ravagée par les grosses eaux, cette plaine a toujours été peu habitée, dans la partie qui confine au fleuve. Géographiquement rattachée au Dauphiné, elle a dû, dans l'antiquité, dépendre de la cité lyonnaise et, durant le moyen âge, elle est restée sous la seigneurie des archevêques.

La construction d'un pont sur le Rhône, au xiiie siècle, détermina la formation d'un bourg, dont les maisons s'échelonnaient le long de la route ouverte au débouché du pont. C'était la Guillotière, paroisse d'environ quinze cents âmes, au moment où le Consulat lyonnais en acquit de l'archevêque la justice seigneuriale, en 1705. Mais le bourg de la Guillotière se trouvait placé, à cette époque, trop loin du centre d'activité pour participer à la vie de la métropole : il fallut que Morand, en établissant un pont dans l'axe du quartier des Terreaux, amorçât, pour ainsi dire, le mouvement d'émigration sur la rive opposée.

*
* *

L'Hôtel-Dieu de Lyon était propriétaire de la presque totalité du territoire désigné sous le nom général de Brotteaux. C'était une bonne condition pour la création des quartiers nouveaux ; car, dès l'année 1781, sept ans après l'ouverture du pont Morand, l'administration hospitalière faisait lotir son vaste domaine, y traçait tout un réseau de voies et effectuait les premières ventes d'emplacements.

Mais l'industrie lyonnaise était en pleine crise ; survient en plus la période révolutionnaire qui met tout en suspens. La population, qui dépassait le chiffre de cent quarante mille âmes en 1774, tombe à cent mille, après le siège. Il faut arriver au temps de la Restauration pour que la ville ait recouvré son ancien chiffre d'habitants.

Pendant cette période écoulée, il s'est produit un déplacement de la population, dans l'enceinte même de Lyon. Toutes les rangées de maisons qui étaient construites sur les deux rives de la Saône ont été démolies. En même temps, l'introduction du mécanisme de Jacquard force les ouvriers en soie à rechercher pour leurs métiers à tisser des locaux comportant plus de hauteur. Aussi voit-on les édifices conventuels et les jardins qui en dépendaient, rapidement remplacés par des habitations et des constructions à l'usage du commerce, pendant que les côtes de la Croix-Rousse se couvrent de maisons, entièrement affectées aux tisseurs.

L'expansion, à partir de 1820, se fait aussi en dehors de l'enceinte. Lyon compte trois faubourgs, qui s'accroissent graduellement, mais dans une mesure différente.

Sur la rive droite de la Saône, au nord de la vieille ville, est le faubourg de Vaise, de tous le moins important, et qui, séparé de la métropole par le prolongement du massif de Fourvière, ne recevra l'impulsion que tard, et grâce à l'ouverture de la grande voie ferrée de Lyon à Paris.

Au nord de l'enceinte qui va de la Saône au Rhône, est le faubourg de la Croix-Rousse, de formation relativement récente, parcelle détachée de la paroisse de Cuire. Ce plateau est envahi par les tisseurs, attirés par des constructions en pleine lumière et par la vie à meilleur marché qu'ils trouvent hors de l'octroi. La fortune de ce quartier décroîtra à mesure que l'industrie lyonnaise fera de moins en moins appel au tissage à la main.

C'est donc sur la Guillotière, vaste commune, s'étalant en face de la métropole, de l'autre coté du Rhône, que se portera presque en entier le mouvement d'expansion ; c'est là que va s'élever la cité rivale. Pendant trente ans, l'attention de l'administration métropolitaine sera tenue en éveil par les progrès de cette voisine, sans cesse grandissante. Des efforts inouïs seront déployés par les habitants de la rive droite du Rhône, pour retenir, à leur profit, une primauté qu'ils croient menacée. Qu'il suffise de rappeler l'opposition énergique qui fut faite au projet, pourtant si rationnel, de l'établissement d'une gare centrale des chemins de fer, à l'extrémité du pont de l'Hôtel-Dieu. Pour ne point laisser cette gare s'établir sur le territoire de la Guillotière, la ville de Lyon a condamné pour jamais la presqu'île de Perrache à un isolement irrémédiable, bien pire que s'il résultait d'un accident naturel.

Le décret du 24 mars 1852, en réunissant à la ville de Lyon les communes suburbaines, n'a point apaisé tout esprit d'antagonisme. Mais, la victoire restant aux gros bataillons, la rive gauche du Rhône a plus d'une fois pris sa revanche.

Telle est, rapidement résumée, l'histoire des extensions de la cité lyonnaise, à travers les âges. Depuis le commencement de ses migrations vers l'est, il lui a fallu sans cesse créer des surfaces habitables, en refoulant les eaux de ses deux rivières. Il s'est ainsi enfoui dans le sol un capital incalculable, et la constitution de ce sol représente, on peut dire, le plus étonnant des monuments.

Auguste BLETON.

DONNÉES NUMÉRIQUES

SUR LE

CLIMAT DE LYON

La connaissance du climat moyen d'un pays est une donnée essentielle, soit pour l'agriculture, soit pour l'hygiène publique ; mais, pour être complète, elle exige un grand nombre d'observations diverses faites d'une façon continue pendant une période assez longue. Les nombres qui suivent résultent des observations faites au parc de la Tête-d'Or pendant une période de dix années, de décembre 1878 à fin novembre 1888. Ces observations, faites en dehors de la ville, dans des conditions aussi bonnes que possible au point de vue de l'exposition des instruments, donnent déjà avec une assez grande approximation les éléments principaux du climat de Lyon. Dans les tables qui les résument à la fin de cet article, on trouvera les valeurs moyennes par mois, par saisons et pour l'année, de la pression barométrique, de la température moyenne à l'ombre et de la moyenne de ses valeurs extrêmes, de l'amplitude diurne de la température, de l'humidité relative et absolue, de la quantité d'eau tombée soit sous forme de pluie, soit sous forme de neige, ainsi que de la quantité d'eau évaporée, et enfin de la distribution moyenne des vents soit à la surface du sol, soit dans les hautes régions de l'atmosphère.

La comparaison de ces nombres avec ceux déduits des observations faites au-dessus des toits du Lycée d'abord, puis sur la terrasse du Palais Saint-Pierre de 1854 à 1878 est intéressante,

en ce qu'elle montre d'une manière certaine l'action de l'agglomération lyonnaise sur certains éléments météorologiques, particulièrement sur la température et la quantité d'eau recueillie.

Nous ferons cette comparaison en étudiant chacun des éléments successifs de notre climat.

TEMPÉRATURE. — La température moyenne de ces dix années,
déduite des relevés horaires du thermomètre enregistreur,
est 10° 5 ; la température considérée jusqu'ici comme normale
est de 12° 6. La différence 2° 1 est notable ; toutefois le nombre 10° 5 est probablement un peu bas. En effet, dans tous les
observatoires de l'Europe occidentale, où les observations ther-
mométriques sont poursuivies depuis longtemps dans des conditions d'installation constante, on a trouvé que, depuis quelques
années, les températures moyennes annuelles sont toutes un peu
inférieures à la normale ; en d'autres termes, nous venons de traverser une période relativement froide. A Paris, par exemple, la
moyenne de ces dix années est inférieure de 0° 35 à la moyenne
générale regardée comme normale ; nous en conclurons que la
température annuelle normale de Lyon doit être un peu supérieure à 10° 5 et comprise entre 10° 8 et 10° 9. La température
moyenne trouvée par les observations de 1854 à 1878 était donc
trop élevée d'environ 10° 7.

AMPLITUDE DIURNE. — Elle est déduite de la différence entre
le minimum moyen et le maximum moyen de chaque période,
calculés au moyen des observations directes des thermométro-
graphes et non déduits de l'enregistreur. On voit, dans notre
tableau, que sa moyenne est de 0, 833, tandis que les anciennes
observations avaient donné 0, 766 ; c'est encore là un effet
connu des agglomérations ; dans l'intérieur des villes le thermomètre s'abaisse moins pendant la nuit et s'élève moins pendant le jour que dans la campagne. A Lyon, la différence des
deux amplitudes correspond à une différence de 0° 9 dans
l'oscillation thermique diurne, laquelle est de 10° 1 au Parc,
alors qu'elle était seulement de 9° 3 dans la ville.

PRESSION BAROMÉTRIQUE. — La pression barométrique moyenne
annuelle obtenue par les relevés horaires du baromètre enregistreur pendant ces dix années est de 747 mm 1 ; elle est très peu
différente de celle que donnent les vingt-cinq années précédentes, 746 mm 8 ; les pressions moyennes des saisons sont de même
très voisines dans ces deux séries ; celles des mois diffèrent un peu
plus, pour certains d'entre eux, sans que l'écart atteigne 3 mm.

La marche générale de ces moyennes mensuelles est d'ailleurs analogue, mais non identique, dans les deux séries.

Comme les anciennes observations de pression n'étaient soumises à aucune cause d'inexactitude, on peut les combiner à la nouvelle série et avoir par là même des moyennes plus rapprochées encore des valeurs normales définitives; on obtient ainsi pour pression annuelle normale résultant de 35 années d'observations le nombre 746 ^{mm} 9.

PLUIES ET NEIGES. — Le total moyen des pluies et neiges est de 761 ^{mm} 4; l'ancienne série donnait un nombre plus faible, 703 ^{mm} 8; cette différence considérable, de près d'un dixième de la valeur totale, paraît devoir être attribuée tout entière à la situation de l'ancien pluviomètre, à une grande hauteur au-dessus du sol, et sur une terrasse où de forts remous de vent se faisaient sentir.

Les nombres relatifs aux diverses saisons sont tous plus grands dans la nouvelle série, sauf celui du printemps qui est sensiblement le même; d'ailleurs les quatre nombres suivent la même marche dans les deux séries.

Il en est autrement des mois; ce qui montre que si dix années suffisent pour donner à peu près la hauteur de pluie annuelle et même des saisons, il n'en est pas de même pour les hauteurs moyennes mensuelles.

Quant au nombre de jours pluvieux, il est également plus grand dans la série actuelle, mais cela tient surtout à la manière différente d'observer les pluies inappréciables au pluviomètre. De 1853 à 1878, on n'a pas noté toutes ces pluies; de 1878 à 1888, on les a enregistrées toutes, presque sans exception, au moyen du pluvioscope; de là l'augmentation du nombre des jours pluvieux.

On a d'ailleurs calculé séparément, pour cette dernière période, le nombre de jours où la pluie a été appréciable au pluviomètre; ce nombre est 146 seulement, mais il paraît encore assez grand relativement au nombre 155 donné par les anciennes observations, et qui comprenait les jours où l'on avait observé des pluies inappréciables au pluviomètre. Les durées de pluie inscrites au tableau sont celles qu'a données le pluviomètre enregisteur; ce sont donc les durées des pluies appréciables.

VENTS. — La distribution des vents inférieurs dans les quatre rhumbs principaux résulte du relevé trihoraire de la girouette enregistrante du Parc. Les observations anciennes donnaient des résultats très analogues pour les années et saisons moyennes, un peu plus différents pour les mois. Il convient encore de noter que l'ancienne série ne comportait qu'une observation par jour, à 9 heures du matin, et ne pouvait donner directement que la distribution des vents correspondante à cette heure, laquelle n'est pas exactement la même que la moyenne, puisqu'il y a une variation diurne de la direction du vent.

Pour les vents supérieurs, la distribution moyenne adoptée résulte du relevé de toutes les observations de nuages faites pendant les dix années que nous considérons; les nombres ont été ramenés à ce qu'on aurait obtenu si l'on avait pu faire, sans lacunes, huit observations trihoraires.

Nébulosité. — L'ancienne série d'observations avait donné comme moyenne générale 0,67 (en estimant en centièmes la fraction du ciel couverte du nuages). La nouvelle ne donne que 0,60; cette différence doit être attribuée surtout à ce qu'il existe une variation diurne de la nébulosité et que les observations anciennes n'ont été faites qu'à 9 heures du matin. D'ailleurs les nombres mensuels et saisonniers de l'une et l'autre série ont une marche tout à fait analogue, mais tous ceux de l'ancienne sont supérieurs aux nombres correspondants de la nouvelle.

Humidité. — Les nombres que nous donnons ont été obtenus comme il suit. L'humidité relative a été observée seulement trois fois par jour, à des heures qui n'ont pas été toujours exactement les mêmes, mais qui se sont peu écartées de sept heures du matin, midi et six heures du soir, la moyenne arithmétique des trois nombres obtenus n'est pas égale à celle des vingt-quatre heures, mais la correction à faire à la première pour obtenir la deuxième, a été déterminée au moyen de l'hygromètre enregistreur fonctionnant à Saint-Genis-Laval depuis 1885. Les humidités relatives inscrites au tableau, sont donc très voisines de celles qu'on aurait obtenues, si on avait déterminé les valeurs horaires de cet élément.

Les humidités absolues inscrites au tableau sont les poids moyens de vapeur en grammes, par mètre cube d'air; ces poids ont été calculés au moyen de l'humidité relative moyenne et de la température moyenne de chaque mois.

Phénomènes divers. — Les jours de gelée sont ceux où le thermomètre abrité est descendu au-dessous de 0°; les jours de gelée blanche, ceux où le thermomètre non abrité est descendu au-dessous de 0°. Les jours brumeux sont ceux où le brouillard ne cache les objets qu'au delà d'un kilomètre environ ; si les objets sont cachés à une distance moindre, les jours sont comptés comme jours de brouillard. Les jours d'orage sont ceux où un orage, avec tonnerre et pluie, a été observé au parc ou à son voisinage immédiat.

Ch. André,
Directeur de l'observatoire de Lyon.

MOIS et SAISONS	Pression atmosphérique réduite à 0°	TEMPÉRATURE				HUMIDITÉ		PLUIE ET NEIGE				NEIGE		Eau évaporée hauteur en millimètres	Nébulosité en centièmes	NOMBRE de jours où il y a					NOMBRE de fois que le vent inférieur souffle de				NOMBRE de fois que le vent supérieur souffle de			
		Température moyenne	Maxima moyen	Minima moyen	Amplitude diurne	Humidité relative en centièmes	Humidité absolue en poids	Hauteur en millimètres	Nombre de jours de pluie appréc.	Nombre total de jours pluvieux ou neigeux	Durée totale des pluies et neiges	Hauteur d'eau correspondante	Nombre de jours			Gelée	Gelée blanche	Brouillard	Brume	Orage	N	E	S	O	N	E	S	O
	mm.						gr.	mm.			h.	mm.		mm.														
Décembre...	748.5	+ 1°8	+ 5°3	− 1°3	0.760	85	4.67	45.3	14	18	62	11.0	5	15.7	0.70	13	6	9	11	»	102	63	45	38	161	6	37	104
Janvier.....	50.0	+ 0.7	+ 3.9	− 2.5	0.699	86	4.39	29.9	10	13	32	9.9	4	10.0	0.70	20	3	9	13	»	107	74	37	30	102	10	50	86
Février.....	48.0	+ 4.1	+ 8.8	+ 0.3	0.826	78	5.00	37.5	10	12	42	2.5	1	27.3	0.65	13	5	7	9	»	87	53	51	33	72	13	50	83
Mars........	46.2	+ 7.0	+13.0	+ 1.8	0.945	68	5.27	29.2	10	13	31	4.3	2	71.2	0.50	10	6	5	9	»	110	52	54	32	86	14	49	99
Avril........	42.8	+10.3	+16.1	+ 5.3	0.797	67	6.40	76.9	13	16	63	0.1	0	86.4	0.63	2	4	3	9	2	95	47	57	41	73	18	69	80
Mai	46.4	+14.0	+20.4	+ 8.1	0.836	67	8.04	74.6	12	15	46	»	»	103.9	0.55	»	»	1	9	3	106	47	52	43	71	10	61	106
Juin........	46.7	+17.5	+24.2	+11.5	0.828	69	10.22	70.6	14	15	36	»	»	111.9	0.52	»	»	1	12	6	103	45	50	42	77	18	51	94
Juillet......	47.4	+20.0	+26.9	+13.7	0.869	68	11.66	87.8	13	14	33	»	»	118.7	0.48	»	»	1	12	7	112	42	48	46	60	9	45	134
Août........	47.1	+19.3	+26.3	+13.1	0.930	73	12.04	67.5	9	11	25	»	»	104.2	0.47	»	»	1	13	5	120	46	38	44	61	12	40	133
Septembre ..	47.2	+15.7	+22.1	+10.8	0.914	79	10.51	84.7	12	13	40	»	»	57.9	0.52	»	»	6	13	3	98	55	48	39	63	16	67	94
Octobre.....	47.4	+ 9.7	+14.7	+ 5.7	0.821	84	7.73	86.6	15	17	56	0.2	0	32.6	0.67	2	2	9	12	1	104	55	49	40	88	11	47	102
Novembre...	47.8	+ 6.0	+ 9.8	+ 2.6	0.760	82	5.93	70.8	14	16	63	2.0	1	24.6	0.72	6	5	10	11	»	94	59	51	36	78	12	62	88
Hiver.......	48.8	+ 2.2	+ 6.0	− 1.2	0.762	83	4.69	112.7	34	43	136	23.4	10	53.0	0.68	48	14	25	33	»	296	190	133	101	275	29	143	273
Printemps ..	45.1	+10.4	+16.5	+ 5.1	0.839	67	6.57	180.7	35	44	140	4.4	2	263.5	0.56	12	10	9	27	5	311	146	163	116	180	42	179	285
Eté.........	47.1	+18.9	+25.8	+12.8	0.876	70	11.34	225.9	36	40	94	»	»	334.8	0.49	»	»	3	37	18	335	133	136	132	198	39	136	363
Automne....	47.5	+10.5	+15.5	+ 6.4	0.832	82	8.06	242.1	41	46	159	2.2	1	115.1	0.64	8	7	25	36	4	296	169	148	115	229	39	176	284
Année	47.1	+10.5	+16.0	+ 5.8	0.833	75.5	7.67	761.4	146	173	529	30.0	13	766.4	0.59	68	31	62	133	27	1238	638	380	464	932	149	634	1205

L'AGRICULTURE

DANS LE DÉPARTEMENT DU RHONE

Considérations générales.

Le département du Rhône est situé au centre d'une vaste région agricole et viticole, dont les produits, aussi nombreux que variés, trouvent un débouché dans l'agglomération lyonnaise.

Les départements limitrophes, qui sont, au nord, la Saône-et-Loire, à l'est, l'Ain et l'Isère, au sud et à l'ouest, la Loire, semblent, en effet, tributaires de la grande cité qui en occupe le centre. Tous dirigent sur le marché de Lyon la plus grande partie des animaux qu'ils élèvent, des grains qu'ils récoltent, ainsi que les produits de la basse-cour et de la laiterie.

Dans la région qui nous occupe, le climat et le sol ne présentent pas une grande homogénéité ; de là naît cette variabilité de culture et de production que l'on constate. Le département du Rhône, par la place qu'il occupe au milieu des trois grandes plaines du Forez, de la Dombes et de l'Isère, semble former une sorte d'îlot privilégié par la nature ; car, à côté des terres les plus variées, résultant d'une formation géologique différente, on trouve les expositions les plus diverses, en général très favorables aux cultures arbustives qu'on ne rencontre pas dans les départements voisins. La propriété est très divisée et le faire-valoir direct domine, ce qui permet de faire de la culture intensive et d'obtenir du sol des rendements rémunérateurs.

I. Zones de végétation.

Pour faciliter notre étude, nous diviserons le département du Rhône en trois zones, qui diffèrent entre elles au double point de vue cultural et géologique. Si on se livre à un examen plus approfondi, on reconnaît que la population elle-même se ressent de ces variations, ses aptitudes se modifient avec les conditions naturelles de sol et de milieu.

Zone A.

La première zone est formée de deux plaines dont l'une commence à l'extrémité nord du département, pour se terminer à Saint-Germain-au-Mont-d'Or, au pied du mont Verdun. Elle a pour limites, à l'est la Saône, et à l'ouest, le pied des contreforts des monts du Beaujolais et du Lyonnais. Sa longueur totale est de 37.000 mètres environ, et sa largeur de 6.500 mètres. La seconde plaine comprend le canton de Villeurbanne qui forme, sur la rive gauche du Rhône, l'extrémité nord de la vaste plaine de l'Isère, puis les îles formées par le fleuve au-dessous de Givors, et la petite plaine d'Ampuis et Condrieu.

Dans la première partie de l'étendue que nous venons de décrire, les cultures dominantes sont les céréales et les plantes fourragères ; tandis que les terrains de la banlieue de Lyon, les îles du Rhône et la plaine d'Ampuis et Condrieu, sont couverts par la vigne, les arbres fruitiers et les plantes potagères.

COMPOSITION GÉOLOGIQUE. — Depuis la limite nord de la zone A, jusqu'à Saint-Germain-au-Mont-d'Or, le sol est de formation récente. Il a été constitué par les dépôts limoneux de la Saône, les alluvions postglaciaires et les cailloutis des plateaux. Le long de la rivière la terre est sableuse ; au delà, elle est silico-argileuse, et sur quelques points argilo-siliceuse. En général, elle se travaille facilement.

La surface recouverte par les cailloutis a pour sous-sol un mélange de sable et d'argile ferrugineuse qui se laisse difficilement traverser par les eaux pluviales, c'est pourquoi, dans les années pluvieuses, les végétaux souffrent d'un excès d'humidité et poussent tardivement, parce que le réchauffement de la couche arable se fait lentement.

RICHESSE. — Dans toute la partie qui nous occupe la couche de terre sillonnée par les végétaux est profonde, mais ne contient pas, dans les proportions voulues, les éléments nécessaires à la constitution des végétaux. Il résulte des nombreuses analyses que nous possédons, que les terres manquent, en général, d'azote, d'acide phosphorique et de chaux. Ce dernier élément n'y est souvent représenté que par des traces, la potasse s'y trouve quelquefois en suffisante quantité. Le canton de Villeurbanne repose, pour la bande que sillonne le cours d'eau, sur les alluvions modernes du Rhône. Les terres de cette formation sont silico-argileuses et argilo-calcaires. C'est un mélange de sable riche en chaux, avec une quantité variable d'argile. Leur travail est assez facile.

L'autre portion, la plus importante, celle qui forme la base des sols des communes de Bron et Vénissieux, se rattache aux alluvions anciennes de la période quaternaire. Sur quelques points on constate des boues glaciaires ; on y trouve encore quelques paquets de lehm ou limon de ruissellement, et divers affleurements de molasse.

La richesse de ces dépôts alluvionnaires est suffisante en azote et en potasse, mais elle est minime en acide phosphorique.

Les îles du Rhône, ainsi que la petite plaine d'Ampuis et Condrieu, ont été constituées par les dépôts limoneux abandonnés par le fleuve. La couche végétale, de même composition que le sous-sol, est plus fertile que les terrains que nous venons d'examiner, parce que ces surfaces sont soumises, depuis peu, à une culture régulière. La végétation des plantes herbacées et arbustives témoigne que le sol est riche. La confirmation en est, du reste, fournie par les analyses qui ont été faites en vue de dresser la carte agronomique de la commune de Condrieu.

Zone B.

La deuxième portion, qui forme la zone B, s'étend de l'extrémité nord à l'extrémité sud du département, sur une longueur de 85 kilomètres environ et une largeur qui atteint parfois 15 kilomètres. Elle a pour limites, à l'est, la zone A, et à l'ouest, la zone C.

La culture dominante est la vigne, c'est pourquoi nous la qualifions de zone viticole.

Dans un grand nombre de communes, notamment de l'arrondissement de Villefranche, la vigne et la prairie étaient, avant l'invasion phylloxérique, les deux cultures par excellence ; aujourd'hui, encore, ce sont elles qui dominent dans bon nombre de localités. La surface de cette zone est très mouvementée, elle est constituée par la série des contreforts qui s'élèvent depuis la limite de la plaine de Saint-Germain, jusqu'à l'arête des monts du Beaujolais et du Lyonnais.

De leurs sommets se détachent, sur le versant est, une série de riantes vallées fraîches et fertiles, sillonnées par de nombreux ruisselets que bordent de bonnes prairies naturelles. La vigne couvre les coteaux bien tournés. L'ensemble forme un paysage pittoresque ne le cédant en rien aux sites les plus enchanteurs. La vigne ne dépasse guère une altitude de 500 mètres ; au-dessus, le raisin mûrit mal et fournit un vin de qualité inférieure.

C'est à une altitude de 200 à 400 mètres que ses produits sont véritablement rémunérateurs. Parfois même, le raisin cueilli sur quelques pentes bien exposées, donne un liquide généreux et d'un goût exquis.

A côté de vins d'un bon ordinaire, le département du Rhône produit des vins fins, fort estimés des gourmets. Nous ne nous arrêterons pas davantage sur l'importance des crus existants, nous proposant de les passer en revue un peu plus loin.

Composition géologique. — Les terres de la zone viticole sont en grande partie formées par la désagrégation sur place des roches cristallophylliennes et éruptives, ou encore sont issues des couches sédimentaires, ce qui fait qu'on y rencontre, de bas en haut, les assises se rattachant aux terrains primaires, secondaires et tertiaires. Le long des cours d'eaux, des dépôts alluvionnaires occupent le fond des vallées.

Les terrains primitifs s'étendent, notamment, de l'extrémité sud du département au pied du mont Cindre, couvrant la plus grande partie des cantons de Condrieu, Givors, Saint-Genis-Laval, Vaugneray et l'Arbresle. On les retrouve encore dans les cantons de Belleville et de Beaujeu. Les terrains primaires occupent une surface importante à droite et à gauche de la vallée de la Brevenne (canton de l'Arbresle). On trouve là des couches schisteuses fort importantes. Le groupe secondaire ou mésozoïque, qui comprend de bas en haut les terrains triasiques, jurassiques et crétacés, est représenté dans le département du Rhône, surtout dans ses assises inférieures.

Le jurassique supérieur y est peu abondant et le crétacé y fait complètement défaut.

RICHESSE. — La richesse des terres de la zone B est aussi variable que leur formation géologique. Généralement, celles qui proviennent de la désagrégation des roches primitives, manquent d'acide phosphorique et de chaux; la potasse, au contraire, s'y trouve représentée par des chiffres suffisants et parfois élevés. Mais quand on examine les sols issus des couches sédimentaires, les grès exceptés, l'analyse chimique décèle, presque toujours, une richesse notable en acide phosphorique et en chaux; par contre, la potasse manque en partie.

Dans la zone viticole, les sols formés des cailloutis des plateaux sont généralement peu riches; toutefois, au voisinage des couches triasiques et jurassiques, les dépôts qui les recouvrent se sont mélangés aux détritus calcaires et forment des terres très productives.

Zone C.

La zone C occupe toute la partie du département à l'ouest de la zone B. Elle forme la région montagneuse et constitue ce qu'on appelle le haut Lyonnais. La culture de la vigne y est très rare, on ne la rencontre que sur les coteaux les mieux exposés. La récolte n'en est même pas toujours assurée, car les gelées s'y font vivement sentir. Lorsqu'il échappe à ce fléau, le raisin mûrit mal et ne donne qu'un vin de qualité secondaire. La zone C représente la partie essentiellement·agricole du département. On y cultive surtout les céréales, les plantes racines et la prairie. On y fait aussi de l'engraissement et de l'élevage. Le lait produit est transformé en beurre ou en fromage.

Le sol est vallonné et parfois très accidenté. Aussi les parties d'un accès difficile sont-elles couvertes par des bois ou pacagées par les animaux.

COMPOSITION GÉOLOGIQUE. — La presque totalité des terrains de la zone C a été formée par les assises primitives. Les roches cristallophylliennes et éruptives ont donné naissance, en se désagrégeant, à des terres dont l'épaisseur de la couche arable est variable. Assez souvent leurs propriétés physiques diffèrent quelque peu, mais il existe une grande homogénéité dans leur composition chimique. Nous en avons la confirmation en dressant la carte agronomique du département. Partout l'analyse nous montre qu'il existe une très grande relation dans la composition des terres ayant une même origine géologique.

RICHESSE. — La richesse des terres de la zone C est partout inférieure à celle des terres de la zone B. La couche arable est moins profonde, parfois même elle est très faible. Le manque d'acide phosphorique et de chaux se fait partout sentir.

II. Cultures.

La superficie totale du département du Rhône est de 279.039 hectares, se divisant comme suit :

Surface non cultivée, couverte de rochers, bruyères, landes (etc.).	19.942 h.
Surface non agricole	18.753
Vigne.	34.069
Blé	50.484
Seigle	13.778
Orge.	134
Méteil	1.521
Avoine	10.136
Sarrazin.	2.300
Navets	2.405
Fèves, haricots, pois (etc.)	281
Pommes de terre	14.983
Carottes.	189
Betteraves	1.820
Trèfle.	8.789
Luzerne.	4.498
Sainfoin.	290
Fourrages annuels.	6.730
Prairies irriguées . . 24.390 / Id. non irriguées. 20.915	45.305
Pâturages	4.953
Colza.	1.525
Chanvre.	86
Pépinières	45
Citrouilles	12
Fraises	40
Melons	20
Pommiers et poiriers	459

Pêchers et abricotiers	259 h.
Cerisiers.	218
Noyers	61
Pruniers.	53
Mûriers	36
Châtaigniers	78
Framboisiers	6
Bois	32.563
Jardins et vergers	2.198
Jachères.	157

Ces étendues respectives se répartissent comme suit dans les deux arrondissements que compte le Rhône.

	Arrond. de Lyon.	Arrond. de Villefranche.
Surface non cultivée . .	5.024 h.	14.918 h.
Surface non agricole . .	11.661	7.092
Vigne.	10.405	23.664
Blé	28.736	21.748
Seigle.	6.790	6.988
Orge	112	22
Méteil.	650	871
Avoine	6.803	3.186
Sarrazin	330	1.970
Navets.	1.829	576
Pois, fèves, haricots (etc) .	195	86
Pommes de terre . . .	7.461	7.532
Carottes	108	81
Betteraves	1.442	378
Trèfle.	4.541	4.248
Luzerne	3.243	1.255
Sainfoin	129	161
Fourrages	2.780	3.950
Prairies irriguées . . .	7.577	16.813
Id. non irriguées . .	14.051	6.864
Pâturages.	2.249	2.704
Colza	1.050	475
Chanvre	46	40
Citrouilles	12	
Fraisiers	40	
Melons	20	
Pépinières.	25	20

	Arrond. de Lyon.	Arrond. de Villefranche.
Pommiers et poiriers . .	400	59
Pêchers et abricotiers . .	250	9
Cerisiers	210	8
Noyers.		61
Pruniers	51	2
Mûriers	36	
Châtaigniers	68	10
Framboisiers.	6	
Bois	13.363	19.200
Jardins, vergers. . . .	1.405	793
Jachères	47	100

De l'examen des chiffres qui précèdent il ressort que ce sont
les céréales qui occupent la plus large place dans l'arrondissement de Lyon, tandis que, dans celui de Villefranche, c'est la
vigne qui domine. Les bois occupent surtout la partie élevée du
haut Lyonnais. Quant aux prairies, elles sont assez uniformément réparties dans tout le département ; toutefois, l'étendue
soumise à l'irrigation est plus grande dans l'arrondissement de
Villefranche, à cause des divers cours d'eau qui descendent des
crêtes élevées. La production fruitière est beaucoup plus importante dans l'arrondissement de Lyon.

La culture des fruits à noyau et des poiriers s'est confinée
autour de la cité lyonnaise et de la vallée du Rhône, tandis que
la production des pommiers s'est étendue dans les cantons de
Mornant et de Vaugneray.

Vigne.

Dans notre région, partout où la vigne peut bien mûrir son
fruit, elle est, de tous les végétaux cultivés, le plus économique.
C'est elle qui a sans cesse produit l'aisance et la fortune aux
populations qui l'ont exploitée. Nous n'en donnerons pour
preuve que cette multitude de coquettes et confortables habitations qu'on rencontre éparses dans le vignoble. Leur aspect
extérieur comme leur aménagement intérieur démontrent combien les bénéfices rapportés par le précieux arbrisseau, avant
l'invasion phylloxérique, étaient importants. A cette époque,
l'étendue du vignoble lyonnais dépassait 38.000 hectares, mais
en 1881 cette surface se trouvait réduite à 36.500 hectares. Par
suite des atteintes du terrible insecte, elle n'atteignait, en 1886,

que 29.455 hectares, pour descendre l'année suivante (1887) à
28.381 hectares. Depuis ce moment, la surface recouverte par
la vigne n'a cessé de grandir, et chaque année elle suit une
progression ascendante, ainsi que l'indiquent les chiffres suivants :

| ANNÉES | SURFACES TOTALES couvertes par LA VIGNE | SURFACES PLANTÉES EN CÉPAGES AMÉRICAINS | | SURFACES FRANCHES DE PRIX |
		VIGNES GREFFÉES	VIGNES DE PRODUCTION DIRECTE	
1886	29.455	649		28.806
1887	28.381	1043		27.368
1888	28.543	1948		26.595
1889	29.092	3140		25.995
1890	30.074	4326		25.748
1891	31.212	6375		24.837
1892	32.365	7639	749	23.977
1893	34.069	9910	735	23.424

Ces chiffres prouvent suffisamment que, si la reconstitution
par la greffe ne cesse d'augmenter, le Rhône possède encore
une étendue fort importante en vignes franches de pied, qui
se composent d'anciennes et de récentes plantations. Dans un
assez grand nombre de communes, beaucoup de vignerons
plantent encore la bouture, ou chapon, à une distance rapprochée. Il faut ajouter que, dans ces localités, le sol repose généralement sur les assises primitives, ou est constitué par les dépôts
des cailloutis des plateaux, dans lesquels le sulfure de carbone
seul ou vaseliné produit les meilleurs effets, et permet de maintenir la vigne en parfait état de production. Sans nous étendre
longuement sur l'état d'avancement de la reconstitution du vignoble lyonnais, nous dirons que la tâche apparaît aujourd'hui beaucoup plus facile qu'elle ne semblait devoir l'être au début de
l'invasion phylloxérique. A cette époque, on craignait qu'une
bonne partie des terrains du département ne se montrât réfractaire
aux cépages américains et ne pût reprendre la valeur qu'elle
possédait jadis. Mais après une étude attentive de la composition
des terres issues des assises primitives et sédimentaires, nous
pouvons assurer que le rétablissement du vignoble lyonnais et
beaujolais n'est plus guère qu'une question de temps.

Production du vin dans le département du Rhône.

Le rendement fourni par la vigne, dans le Rhône, varie nota-blement, suivant que l'on examine le produit donné par les an-ciennes plantations ou celui qui est fourni par les plantations ré-cemment faites, à l'aide des cépages greffés sur racines résistantes.

Ces dernières, possédant une vitalité plus grande, sont pour-vues d'un réseau radicellaire plus complet qui permet au végé-tal d'absorber une somme de nourriture plus importante et de donner un poids de raisins plus considérable, se traduisant par un rendement en vin plus élevé. Toutefois, ainsi que cha-cun le sait, la quantité, toutes conditions étant égales d'ailleurs, est obtenue au détriment de la qualité.

Pour les diverses plantations ayant plus de trois ans, le ren-dement moyen, dans l'arrondissement de Villefranche, a été, en 1892, de :

      30 hectolitres, pour le canton d'Anse.
      22   —   50   —   de Beaujeu.
      24   —   —   de Belleville.
      25   —   —   du Bois-d'Oingt.
      32   —   —   de Villefranche.

Soit, pour les cinq cantons réunis, un rendement moyen de 26 hectolitres 80.

L'étendue cultivée en vignes de plus de 3 ans étant de 17.200 hectares, la quantité de vin produite a été de 460.260 hectolitres.

Les 6.464 hectares d'un âge inférieur à 3 ans, ont fourni, par hectare, une moyenne de 8 hectolitres 75, soit, pour la totalité, 56.560 hectolitres, et, pour tout l'arrondissement, 517.520 hec-tolitres.

Dans l'arrondissement de Lyon, la production moyenne, pour la vigne au-dessus de 3 ans, a été de :

      15 hectolitres pour le canton de l'Arbresle.
      21   —   —   Condrieu.
      26   —   —   Givors.
      24   —   —   Limonest.
      36   —   —   Mornant.
      14   —   —   Neuville.
      41   —   5   —   Saint-Genis-Laval.

Soit, pour l'ensemble de l'arrondissement de Lyon, un ren-dement moyen de 25 hectolitres 10, et pour les 8.300 hectares de vignes que l'arrondissement possède : *208.330 hectolitres.*

Les 2.105 hectares restant, d'un âge inférieur à 3 ans, ont donné un rendement moyen de 8 hectolitres 30 à l'hectare, soit, en totalité, 17.471 hectolitres, et pour l'ensemble de l'arrondissement de Lyon, *225.801 hectolitres.*

En résumé, le département aurait produit, pendant l'année dont nous parlons :

517.520 hectol. pour l'arrondis. de Villefranche.
225.810   —   —   de Lyon.

Soit au total 743.330 hectolitres au prix moyen de 42 fr. l'hectolitre, soit une somme de 31.219.482 francs.

Ce chiffre est encore loin d'atteindre les rendements élevés encavés en 1874-75, mais il est fort encourageant et confirme, ainsi que nous le disions plus haut, que la production dans le Rhône suit une marche ascendante.

Nous résumons, ci-dessous, la production du vignoble du Rhône, pendant les 20 dernières années.

ANNÉES	SURFACE plantée en vigne HECTARES	VIN PRODUIT Hectolitres	VALEUR de la récolte EN ARGENT	OBSERVATIONS
1873	35.805	458 921	23.863.892	
1874	35.809	1.285.117	57.830.265	
1875	35.809	1.300.000	52.000.000	
1876	35.809	934.855	42.068.475	
1877	36.759	977.434	43.984.530	
1878	37.650	1.235.955	43.258.425	
1879	40.000	630.000	31.500.000	La vigne a été fortement atteinte par la grêle dans plusieurs cantons.
1880	33.100	380.000	20.927.500	
1881	33.800	553.000	27.680.000	L'hiver rigoureux de 1881 a détruit beaucoup de vignes.
1882	33.230	600.700	30.035.000	
1883	32.920	784.500	39.225.000	
1884	30.950	577.680	31.772.400	
1885	31.050	571.650	31.440.750	
1886	28.500	524.400	28.842.000	
1887	26.950	417.750	23.100.000	
1888	21.100	350.500	18.600.000	
1889	29.100	260.600	14.593.600	
1890	28.500	445.000	24.475.000	
1891	29.700	450.000	20.700.000	
1892	32.365	743.321	31.219.482	
1893	34.500	1.000.000	35.000.000	

Crus.

Les vignobles du Lyonnais et du Beaujolais produisent, non seulement de bons vins ordinaires, mais encore des vins fins, fort appréciés des gourmets. Celui de Côte-Rôtie, situé sur la rive droite du Rhône, dans l'arrondissement de Lyon, a la plus ancienne renommée. On peut même dire que, de tous les vins du monde entier, c'est celui dont la réputation a traversé le plus de siècles. Il a été célébré, au commencement de notre ère, par Pline l'Ancien, puis par Columelle, qui vivait sous l'empereur Claude, en l'an 42. Le poète Martial, mort en l'an 105, et Plutarque, né vers l'an 48, louent le cru de Côte-Rôtie et le citent comme produisant les meilleurs vins.

Les coteaux sur lesquels on récolte ce liquide généreux sont couverts par la serine et le viognier ; ils sont exposés au Midi, en pentes très escarpées, dont le terrain est soutenu par de petits murs formant des séries de petites terrasses superposées les unes aux autres. Attaqué de bonne heure par le phylloxera, le cru de Côte-Rôtie est en partie reconstitué, et, à côté des anciennes plantations conservées à l'aide du sulfure vaseliné et pur, il existe de nombreuses surfaces plantées en cépages américains.

Le regretté M. Gomot fut un des premiers à planter les cépages résistants. Il avait adopté, sans distinction, le vialla et le riparia, qui lui ont toujours donné satisfaction.

Grâce à l'exemple donné par cet infatigable viticulteur, des ravages causés sur ces belles expositions par le terrible insecte, il ne restera bientôt plus que le souvenir.

A Condrieu, on fait avec le raisin du viognier un vin blanc, délicieux et pétillant, qui ne le cède en rien aux meilleurs crus des autres régions de la France. Nous citerons encore le vin de Sainte-Foy-lès-Lyon, comme étant très apprécié, et de conserve.

Les crus du Beaujolais peuvent être classés en deux catégories :

1º Les vins fins tendres, précoces, récoltés dans les communes de Fleurie, Chenas, Juliénas, Saint-Etienne-la-Varenne et Vaux, sur le granit ;

2º Les vins fins plus corsés, riches en couleur et en tanin, et de plus longue garde, récoltés sur les schistes micacés et amphibolites, à Brouilly et à Morgon, et, à juste titre, fort renommés.

Capital nécessaire à la reconstitution d'un hectare de terrain dans le Beaujolais.

Aujourd'hui, la somme nécessaire à la reconstitution d'un hectare de terrain, quoique encore importante, l'est beaucoup moins qu'à l'époque où les greffes soudées et racinées valaient de 250 à 300 fr. le mille. Pendant la dernière campagne, les plants greffés ont été livrés au prix de 130 à 150 fr. le mille. En prenant ces prix pour base, voici quelle est approximativement la dépense à faire pour reconstituer un hectare de terrain :

Défoncemement du terrain exécuté à bras, à une profondeur moyenne de 0^m 50 cent., 6 centimes le mètre carré : soit . . . .   600 »

Achat de fumier de ferme destiné à être enfoui dans le sol au moment du labour de défoncement   850 »

Achat de plants greffés et soudés (plantation faite à 1 mètre en tous sens), 10,000 à 150 fr. le mille.   1,500 »

Frais de mise en place. . . . .   70 »

Id.   de culture pendant la première année. .   70 »

Achat d'échalas . . . .   350 »

Frais de culture pendant la 2ᵉ année . . . .   280 »

Soit un total de . . . . . .   3,720 »

Si le propriétaire récolte son bois et fait ses greffes lui-même, la reconstitution d'un hectare revient à peu près à 3.000 fr.

Lorsque le sol est rocheux, le coût du défoncement peut être d'un tiers et même de moitié supérieur au chiffre donné plus haut, de même qu'il peut être inférieur dans les terrains faciles comme on en rencontre dans les dépôts des cailloutis des plateaux. La plus-value que donne la vigne au terrain dans lequel elle est plantée, est presque toujours supérieure au capital dépensé pour le reconstituer. Nous connaissons des surfaces qui ont valu, lorsqu'elles étaient en pleine production *12, 15, 18* et *20,000 fr.* l'hectare, et qui se paieraient à peine, aujourd'hui que la vigne ne les couvre plus, le tiers de cette valeur.

Céréales.

BLÉ. — La culture du blé, la plus importante de toutes les céréales cultivées dans le Rhône, puisque à elle seule elle représente plus de deux fois l'étendue occupée par le seigle, le méteil, l'orge et l'avoine réunis, occupe, avons-nous dit, 5o.484 hectares. Elle tend, d'année en année, à diminuer, au fur et à mesure que la vigne couvre une surface plus grande.

On trouve le blé dans tout le département, et partout cette culture domine ; mais c'est à l'ouest, dans les cantons de Saint-Symphorien-sur-Coise et Saint-Laurent-de-Chamousset, qu'elle occupe la plus grande étendue de terrain par rapport à la surface totale. Ces deux cantons étant essentiellement agricoles ont, en effet, une faible étendue inculte et presque toutes les terres y sont soumises à une culture régulière. Dans la zone A, le rendement du blé atteint souvent 22, 24 et même 26 hectolitres à l'hectare. Le grain est nourri et de bonne qualité. Dans la partie moyenne, sur les terres qui ne sont pas occupées par la vigne, le rendement est aussi très satisfaisant et le grain de bonne qualité ; mais dans la région montagneuse du haut Lyonnais, le blé donne un rendement qui ne dépasse guère 14 et 16 hectolitres à l'hectare. Dans les années sèches, le grain est plus petit et plus léger que dans la plaine. Actuellement, le produit moyen à l'hectare est de 18 hectolitres dans l'arrondissement de Lyon, et de 15 dans celui de Villefranche. Pour l'ensemble du département on récolte à l'hectare 16 hectol. 5o.

En prenant ce dernier chiffre pour base, on trouve que les 5o.484 hectares consacrés au blé produisent, dans une année moyenne, 832.986 hectolitres, ayant une valeur de 14.359.000 fr.

La paille, consommée sur place pour la plus grande partie, est l'objet d'un commerce actif dans le vignoble, qui n'en récolte pas suffisamment pour ses besoins. La quantité récoltée annuellement, correspondant à la récolte en grain ci-dessus, a une valeur moyenne de 7.676.000 francs.

L'assolement biennal est celui que l'on suit généralement. Quelques agriculteurs de la vallée de la Saône font revenir le blé deux années consécutives sur le même terrain, ce qui constitue une faute. Dans le département, le rendement que l'on obtient est inférieur à ce qu'il devrait être ; c'est pourquoi la culture du blé est peu économique. Mais nous sommes certains que lorsque le cultivateur fera résolument emploi des engrais complémentaires et pratiquera des labours profonds, le rendement augmentera, le prix de revient baissera et la culture du blé sera, comme bien d'autres, fort rémunératrice.

SEIGLE. — Le seigle occupe 13.778 hectares, répartis assez uniformément dans les arrondissements de Lyon et de Villefranche. Dans le premier, on trouve 6.790 hectares, et dans le second, 6.988. Il remplace le blé dans les sols les plus légers craignant la sécheresse. Dans l'arrondissement de Lyon, c'est le canton de Saint-Laurent-de-Chamousset qui en cultive le plus (2.260 hectares). Dans celui de Villefranche, c'est celui de Lamure (1.451 hectares). Son rendement est légèrement inférieur à celui du blé.

Dans l'arrondissement de Lyon, on récolte 15 hectolitres à l'hectare, et 16 hectolitres dans celui de Villefranche. C'est donc une moyenne de 15 hectolitres 50 pour le département. En prenant pour base les chiffres qui précèdent, on trouve que la récolte en grain est de 213.559 hectolitres, ayant une valeur argent de 2.583.000 francs.

La paille de seigle est utilisée comme litière, mais elle est surtout employée pour l'emballage et la confection des abris.

La valeur de la récolte en paille, correspondant au produit du grain ci-dessus, est de 2.883.000 francs, prix un peu supérieur à celui du grain.

On s'explique aisément ce chiffre, quand on sait que le seigle donne 3 de paille pour 1 de grain, et que la valeur de l'hectolitre est minime.

Orge. — La surface consacrée à l'orge est de 134 hectares seulement. Cette céréale n'est pas exploitée dans le Rhône pour les besoins de la malterie, son grain est utilisé dans la ferme pour la nourriture du bétail. La paille est employée comme aliment ou comme litière.

Le produit moyen de cette culture, paille et grain, est, année moyenne, de 37.800 francs.

Méteil. — Le méteil, qui n'est autre chose qu'un mélange de seigle et de blé, occupe une étendue de 1.521 hectares. Le grain récolté n'est guère livré au commerce, il est consommé par les cultivateurs qui en font un pain frais et substantiel. Le rendement moyen à l'hectare est de 15 hectolitres 40, et le produit brut récolté, paille et grain, de 563.750 francs.

Avoine. — L'étendue semée en avoine suit, comme celle du blés, une progression descendante. En 1887, elle était de plus de 12.000 hectares, et aujourd'hui on n'en compte guère que 10.136, répartis comme suit :

6.900 hectares, dans l'arrondissement de Lyon.
3.136 — — de Villefranche.

Dans le premier arrondissement, ce sont les cantons de Saint-

Symphorien-sur-Coise (1.427 hectares) et Saint-Laurent-de-Chamousset (981 hectares) qui cultivent le plus cette céréale; viennent ensuite les cantons de Vaugneray (947 hectares), de l'Arbresle (611 hectares), Saint-Genis-Laval (590 hectares), Limonest (475 hectares), Villeurbanne (454 hectares).

Dans l'arrondissement de Villefranche, c'est le canton d'Amplepuis (416 hectares) et celui du Bois-d'Oingt (385 hectares), qui en possèdent le plus. Le produit total récolté est de 243.264 hectolitres, ayant une valeur de 1.946.112 francs

La valeur de la paille correspondante est de 850.926 francs.

Sarrazin. — Le sarrazin, appelé encore blé noir, est plus spécialement cultivé dans la partie montagneuse du département. On en trouve 1.970 hectares dans l'arrondissement de Villefranche, et 330 hectares dans celui de Lyon.

Cette culture semble un peu circonscrite dans le canton de Monsols, arrondissement de Villefranche, où elle occupe 1.229 hectares. Viennent ensuite les cantons de Beaujeu (230 hectares) et Lamure (117 hectares).

Dans l'arrondissement de Lyon, ce sont les communes de la partie élevée du canton de Vaugneray qui en cultivent le plus; ailleurs, cette polygonée est délaissée. Le rendement en grain est, pour tout le département, de 57.500 hectolitres, ayant une valeur de 632.500 francs.

Haricots, Pois, Fèves, etc. — La culture des haricots, pois, fèves, etc., plus étendue dans l'arrondissement de Lyon que dans celui de Villefranche, est en partie faite pour l'approvisionnement de Lyon, où ces légumes sont consommés, pour la plus grande part, à l'état vert.

On en trouve 195 hectares dans l'arrondissement de Lyon, et 86 dans celui de Villefranche. On peut estimer le produit total de ces 281 hectares réunis à 170.000 francs.

Si nous résumons la valeur des diverses cultures qui précèdent, nous trouvons :

Blé (paille et grain)	22.035.000
Seigle — —	5.466.000
Orge — —	37.800
Méteil	563.750
Avoine — —	2.797.000
Sarrazin	632.500
Haricots, pois, fèves etc	170.000
Soit un produit total de	31.702.050

PLANTES RACINES. — La culture des plantes racines est relativement peu développée dans le Rhône. La pomme de terre, qui est la plus importante, n'occupe que 14.993 hectares; ce qui est insuffisant, étant donnés les débouchés qui existent pour la vente de ce tubercule.

Les agriculteurs de la banlieue de Lyon et même ceux qui se trouvent dans un rayon relativement important, trouvent à l'écouler dans les marchés de l'agglomération lyonnaise. Ceux qui la cultivent dans la partie montagneuse peuvent livrer la plus grande partie de leur récolte aux trois féculeries installées dans les cantons d'Amplepuis et Lamure.

La répartition de la culture de la pomme de terre est assez uniforme dans les deux arrondissements de Lyon et Villefranche. Dans le premier elle compte 7.461 hectares, et 7.532 dans le second.

Dans l'arrondissement de Lyon, ce sont les cantons de Saint-Laurent-de-Chamousset (1.326 hectares) et celui de Vaugneray (1.100) qui en cultivent le plus.

Dans celui de Villefranche, ce sont les cantons de Monsols (1.637 hectares), Lamure (1.362) et Amplepuis (821 hectares).

Le rendement moyen pour le département est de 14.200 kilos à l'hectare. Dans le canton de Saint-Symphorien il est de 20.000 kilos, tandis qu'il atteint à peine 12.000 dans certaines localités. Nous connaissons quelques fermes de la vallée de la Saône qui en récoltent 25.000 kilos à l'hectare.

Le produit total, pour le département, est de 2.129.000 quintaux métriques de tubercules, ayant une valeur de 9.580.725 francs.

La culture de la pomme de terre est susceptible de nombreuses améliorations dans notre région. L'emploi des engrais chimiques et l'adoption des labours profonds permettraient aux agriculteurs d'augmenter de 2/5 le rendement actuel.

BETTERAVE. — La betterave occupe une surface de 1.820 hectares répartis comme suit :

Arrondissement de Lyon . . . . . . 1.442 hectares
    —   de Villefranche . . . 378 —

C'est une étendue bien restreinte quand on la compare à la population animale entretenue dans le département du Rhône. La partie montagneuse, notamment, en récolte très peu, et les cantons qui nourrissent le plus grand nombre de têtes de bétail sont ceux qui la cultivent le moins.

Dans l'arrondissement de Lyon, c'est dans le canton de Neuville qu'on en trouve la plus grande quantité (247 hectares). Limonest vient ensuite avec 199 hectares, Saint-Genis-Laval avec 140, et Saint-Symphorien-sur-Coise, qui alimente 12.032 têtes d'animaux de l'espèce bovine, plus 7.200 moutons, porcs et chèvres, n'en possède que 131 hectares, ce qui est complètement insuffisant.

La betterave constituerait cependant une ressource précieuse pour la nourriture hivernale des jeunes élèves et des vaches laitières.

Dans l'arrondissement de Villefranche, le canton de Belleville en possède 109 hectares, et celui d'Anse, 88. Les autres cantons ont tous des étendues encore plus restreintes et parfois très faibles. Dans bon nombre de communes, cette culture n'existe même pas. Le rendement est, en chiffres ronds, de 30.000 kilos à l'hectare, et le produit total peut être évalué à 1.092.000 francs.

Navets, carottes et choux. — Le navet est cultivé sur 2.405 hectares, et la carotte et le choux sur 189.

Les produits de ces cultures servent, en partie, à l'alimentation de l'agglomération lyonnaise. On les trouve plus spécialement dans l'arrondissement de Lyon, qui compte :

    1.829 hectares de navets et
    108 — de choux et carottes.
Celui de Villefranche, comprend :
    576 hectares de navets et
    81 — de carottes et choux.

La valeur de ces cultures atteint le chiffre de 775.000 francs.

Courges. — Autour de Lyon, on cultive la courge pour l'approvisionnement du marché. Cette plante est fort rémunératrice, son produit brut dépasse 800 francs à l'hectare.

Topinambours. — Nous mentionnons le topinambour pour mémoire, car l'étendue qu'il couvre est insignifiante. Son extension rendrait cependant de véritables services, parce que son tubercule est riche en principes nutritifs et bon à manger pour le bétail.

C'est, de plus, de toutes les plantes racines cultivées la plus rustique.

En totalisant la valeur obtenue avec la culture des plantes racines, nous trouvons :

Pommes de terre 9.580.725
Betterave 1.092.000
Navets, choux, carottes (etc.) . . . 775.000

Total 11.447.725

Fourrages.

PRAIRIES NATURELLES. — Dans le département du Rhône, la prairie natuelle couvre. . . . . . . 45.305 hectares
Et les pâturages . . . . 4.953 —

Soit, en totalité, une étendue gazonnée de 50.258 — ou 17 pour cent, environ, du territoire du Rhône.

La partie fauchable se décompose comme suit :

Prairies irriguées . . . . . . 24.390 hectares
— non irriguées . . . . . 20.915 —

La distribution, par arrondissement, comprend :

	Prairies irriguées	Prairies non irriguées
Arrondissement de Lyon	7.577 hect.	14.051 hect.
— de Villefranche	16.813 —	6.864 —

La répartition, par cantons, est assez uniforme et proportionnelle à chacun d'eux.

En général, le cultivateur du Lyonnais n'accorde pas à la prairie le fumier qu'elle devrait recevoir, ce qui fait que le rendement en foin et regain est faible.

Sur la partie irriguée, on récolte, par hectare, une moyenne de 4.200 kilos, tandis que, sur la partie non irriguée, le rendement atteint à peine 3.100 kilos; dans certaines parties, il reste même au-dessous de ce chiffre.

Le produit total de la surface irriguée et non irriguée est de 1.679.745 quintaux métriques de foin et regain, ayant une valeur de 15.054.700 francs.

LUZERNE. — 4.498 hectares sont couverts par la luzerne :

3.243 — dans l'arrondiss. de Villefranche
et 1.255 — dans celui de Lyon.

Cette culture domine dans le canton de Villeurbanne, qui en en compte 718 hectares ; puis, vient Saint-Germain-Laval avec 658 hectares, et Limonest avec 324 hectares. Dans l'arrondissement de Villefranche, c'est le canton du Bois-d'Oingt et celui de Belleville qui en ont le plus ; Anse et Villefranche viennent ensuite. Le rendement moyen, à l'hectare, est, pour le département, de 5.750 kilos, soit un produit total de 258.635 quintaux métriques, valant 2.327.715 francs.

Les agriculteurs du haut Lyonnais devraient consacrer une plus large place à la luzerne, car, quoique sa durée soit plus courte dans les terrains primitifs que dans les sols qui reposent sur les assises sédimentaires, elle leur rendrait de grands services. Elle apporterait un contingent de fourrage très substantiel et contribuerait, en fixant l'azote de l'atmosphère, à l'augmentation de la masse fertilisante utilisée.

Trèfle. — Le trèfle couvre 8.789 hectares, ainsi répartis :

Arrondissement de Lyon . . . . 4.541 hectares.
— de Villefranche . . 4.248 —

C'est le canton de Saint-Symphorien qui en cultive le plus (1.334 hectares), puis viennent : Saint-Laurent-de Chamousset (546 hectares), l'Arbresle (433 hectares) et Mornant (376). Dans l'arrondissement de Villefranche : Amplepuis en a 646 hectares, Lamure 598, Beaujeu 487, Monsols 380, le Bois-d'Oingt 369, et Belleville 350 hectares.

Le rendement moyen, pour le département, est de 3.800 kilos, soit un produit de 333.982 quintaux métriques, ayant une valeur de 2.671.861 francs.

Le trèfle, comme la luzerne, étant une plante améliorante, devrait occuper une plus grande place dans l'assolement.

Fourrages annuels. — Les fourrages annuels, tels que maïs, vesce, seigle, consommés à l'état vert, sont cultivés sur une étendue de 6.730 hectares, dont le produit peut être évalué, bon an, mal an, à 1,175.000 francs.

Sainfoin. — Le sainfoin occupe, dans les calcaires du Bois-d'Oingt, Anse et Neuville, 290 hectares, dont le produit est de 66.100 francs.

Colza et Chanvre. — Les 1.525 hectares de colza et les 86 hectares de chanvre donnent une production de 525.000 francs.

Valeur totale des fourrages. Prairies naturelles 15.054.700

Luzerne	2.327.710
Trèfle	2.671.860
Fourrages annuels	1.175.000
Sainfoin	66.100
Chanvre et colza	525.000
Total . . .	21.820.370

Production fruitière.

Nous avons vu, précédemment, que les terres soumises à une culture régulière, dans le Rhône, ont été formées par les dépôts alluvionnaires modernes et anciens, cailloutis des plateaux, boues glaciaires, lehm ou limon de ruissellement, et par la désagrégation des roches sédimentaires et primitives. Dans toutes les couches résultant des dépôts alluvionnaires, les racines des arbres s'étendent avec aisance et puisent, avec la nourriture voulue, la fraîcheur qui leur est nécessaire. Il en est de même des roches primitives qui sont, comme le gneiss et autres de même origine, d'une désagrégation facile et se laissent pénétrer très aisément. C'est pourquoi l'on constate que la végétation des diverses espèces fruitières ne laisse rien à désirer. Ajoutons que les dépôts que nous signalons ont donné naissance, par suite du vallonnement, aux expositions les meilleures.

Le climat de la région est aussi favorable que le sol à la bonne venue du fruit. En été, l'atmosphère est tellement humide, que la chaleur, qui n'est pas supportable pour les habitants, constitue un milieu essentiellement propice au développement du fruit. Pendant les mois de juin, juillet, août et septembre, il semble que l'air respiré à Lyon et dans la banlieue, a quelque ressemblance avec cette atmosphère chaude et humide des régions équatoriales, dans lesquelles les végétaux se parent des couleurs les plus vives et se couvrent des fruits les plus succulents. Ce milieu, tout spécial, qu'on ne retrouve ni au sud ni au nord du département, fait que le producteur lyonnais peut livrer au consommateur d'excellents fruits défiant toute concurrence.

Le témoignage de ce que nous avançons réside dans le nombre considérable de marchés alimentés par les fruits produits dans le Rhône. En dehors de la cité lyonnaise, qui consomme annuellement plus de 8.761.000 kilos de fruits de toutes natures, le département exporte à l'étranger, à Paris et dans les principales villes de l'ouest, du nord, du nord-est et de l'est de la France. Quelques-uns de ses fruits vont même dans le Midi. L'année dernière, voulant connaître les quantités exportées par le chemin de fer, nous avons demandé à la compagnie Paris-Lyon-Méditerranée le tonnage expédié par elle, dans les principales régions, en 1892.

Il résulte des documents qu'elle nous a donnés, qu'il est sorti du Rhône, du 1er janvier au 15 décembre 1892, par voie ferrée :

Fraises	188.835 k.
Cerises	971.772
Abricots	878.254
Pêches	696.805
Poires	266.435
Divers (raisins, cassis, coings, prunes, groseilles)	502.987
Total . .	3.505.088

La plus grosse partie de ces expéditions est à destination de Paris. Nous relevons parmi les quantités expédiées à Paris les chiffres suivants :

Cerises.	849.855
Abricots	687.860
Pêches.	584.733
Poires	250.783
Fraises	6.635

Après Paris, Saint-Etienne est pour le Rhône un centre de consommation important. Cette ville a reçu par chemin de fer, en 1892 :

Cerises.	37.071 k.
Abricots	41.032
Pêches.	43.804
Raisins.	24.251
Prunes.	258
Poires	942
Fraises.	173.131

La gare d'Oullins, alimentée par les deux communes de Saint-Genis-Laval et de Chaponost, a chargé, en quelques jours, à destination de Saint-Etienne, 167.688 kilos de fraises. Ajoutons que cette dernière localité reçoit, par voiture, des quantités considérables de fruits qui lui viennent des vallées du Rhône et du Gier. Les habitants de Condrieu, Ampuis, Sainte-Colombe, Loire, etc.), conduisent toutes les semaines, sur les marchés de Saint-Etienne, des chars couverts de cerises, abricots, pêches, etc). Enfin, les transports fluviaux emportent aussi des masses considérables de fruits.

Ce qui précède indique bien que l'exportation par voie ferrée, n'est qu'une partie de ce que le département envoie dans les différentes régions.

Plus de 200 localités reçoivent les fruits du Lyonnais. De Paris, les cerises, les pêches, les abricots et les poires sont dirigées en partie sur Londres.

Valeur totale de la production fruitière. — Il résulte des recherches que nous avons faites, que les surfaces consacrées exclusivement à la production du fruit ainsi que le produit des divers arbres qu'on trouve disséminés dans toutes les cultures, produisent au minimum 16.000.000 de kilogrammes de fruits se décomposant comme suit :

Exportation par chemin de fer . . . 3.505.088 k.
Consommation de la ville de Lyon . 8.761.540
Exportation par voie de terre et d'eau,
  quantités utilisées pour la fabrication
  des conserves et consommation de la
  population rurale, soit, en totalité . 3.733.372

Total 16.000.000

ayant une valeur de 4.000.000 de francs. En ajoutant à ce chiffre la valeur des noix, 165.000 francs, et des châtaignes, 240.000 fr., nous atteignons le chiffre de *4.405.000 francs.*

Autres produits du sol.

Jardins potagers, maraichers, etc. — Nous estimons que les surfaces consacrées à la production légumière donnent annuellement, dans le Rhône, un produit minimum de 2.100 francs par hectare, soit, pour les 2.264 hectares, *4.754.000 francs.*

Pépinières. — Les terrains exploités sous forme de pépinières d'essences fruitières donnent, par année, d'après les renseignements recueillis auprès des arboriculteurs, 150.000 francs.

Bois. — Les bois, taillis et futaies d'essences diverses, couvrent 32.563 hectares. Leur produit en argent est difficile à établir, étant donné le peu d'homogénéité des parties boisées. Jusqu'ici, les enquêtes faites n'ont porté que sur le nombre de mètres cubes produits annuellement par hectare, c'est pourquoi nous nous abstenons de fournir un chiffre que nous ne pourrions qu'évaluer approximativement. Disons qu'il résulte des données fournies par la statistique décennale de 1882, que les 31.469 hectares de bois que possédait le Rhône à cette époque produisaient, année moyenne, 122.706 mètres cubes de bois,

soit un peu moins de 5 mètres cubes par hectare. Si nous adop-
tons ce chiffre comme base d'évaluation, les 32.563 hectares qui
existent actuellement, donnent *130.252 mètres cubes de bois.*

VALEUR DES PRODUITS VÉGÉTAUX, BOIS NON COMPRIS

Vignes.	31.219.480 fr.
Céréales	31.692.050
Plantes racines	11.447.720
Fourrages et cultures industrielles .	21.820.370
Production fruitière.	4.405.000
Jardins et pépinières.	4.904.000
	TOTAL : 105.488.620 fr.

Les espèces chevalines, asines et mulassières sont plus répan-
dues dans les cantons de Limonest, Neuville, Vaugneray et
Villeurbanne, qui entourent la cité lyonnaise et l'approvisionent
journellement de fruits, légumes, lait, beurre, fromage, etc.

Le cheval, l'âne et le mulet sont presque uniquement utilisés
aux travaux culturaux, et leur élevage est fort restreint. Seuls
quelques fermiers de la vallée de la Saône et du Haut-Lyonnais
élèvent quelques poulains.

La répartition de l'espèce bovine est assez uniforme dans
tous les cantons ; elle est, généralement, proportionnelle à la
surface cultivée ; toutefois, à étendue égale, ce sont les cantons
de Saint-Symphorien-sur-Coise et de Saint-Laurent-de-Chamousset qui en possèdent le plus. Le premier, sur 15.000 hectares, nourrit près de 10.000 têtes de gros bétail, soit 2/5 de tête
par hectare, plus 7.197 moutons, chèvres et porcs ; le second
alimente 3/5 de tête de gros bétail par hectare, plus 6.114 petits
animaux. Le département, ne possédant pas de race bovine qui
lui soit propre, élève peu, mais produit beaucoup de lait. La
quantité récoltée, année moyenne, dépasse 1.100.000 hectolitres, soit un rendement approximatif de 1.700 litres par vache.
Ce chiffre augmenterait notablement si les animaux étaient issus
d'un type laitier homogène et recevaient, en hiver, une nourriture rationnelle. Le lait est vendu de 20 à 30 centimes le litre,
à Lyon et dans les principaux centres ; il est payé, suivant époque, de 12 à 15 centimes le litre dans les fruitières du Haut-
Lyonnais.

C'est dans le canton de Monsols qu'on rencontre le plus de

moutons (4.769 têtes), et dans celui d'Amplepuis qu'on en trouve le moins (3oo); partout ailleurs, la répartition est assez uniforme. Comme la propriété est très divisée, on ne rencontre pas de nombreux troupeaux le groupe, par ménage, est de 4 à 12 environ. Dans les fermes de la zone élevée, il est de 20 à 3o, parce que la surface inculte est plus grande et le parcours plus facile. Ici ce sont les races charolaises et dauphinoises qui dominent. Plus bas, la plupart des sujets appartiennent à la race dite de Millery, qui n'est qu'une variété de celle du Larrac dont une ramification aurait atteint le Lyonnais, par les Cévennes. La brebis Millerotte est le type par excellente de l'animal fécond et laitier. Elle fait, le plus souvent, par année deux portées de trois petits chacune. Nous connaissons quelques sujets qui ont donné 8 agneaux en 7 mois ; d'autres qui ont mis bas trois fois en 15 mois. La quantité de lait que donne journellement une femelle, après la parturition, est de 2 litres 1/2 à 3 litres qui suffisent, et au delà, à la fabrication de 4 à 5oo grammes de fromage. Le compte annuel de cet animal peut s'établir comme suit :

2 agneaux vendus, à 6 semaines, 9 fr. soit.   . . 18 fr.
45 kilog. de fromage à 1 fr. 20 le kilog. . . . 54
2 kilog. laine à 2 fr. le kilog. 4
Fumier. 10

TOTAL : 86 fr.

Ces chiffres montrent que la brebis de Millery a de sérieuses qualités qu'il conviendrait de lui conserver et même d'accroître. Il faudrait pour cela qu'une sélection rigoureuse fût observée, ce qui n'a pas toujours lieu.

L'élevage du porc est moins répandu que son engraissement. Les cantons de Saint-Symphorien-sur-Coise, Lamure, Saint-Laurent-de-Chamousset, Beaujeu et surtout Monsols en nourrissent le plus. Les cultivateurs de ces premiers cantons ont la réputation de très bien les engraisser. La tenue de la porcherie laisse partout à désirer, l'air et la propreté y font souvent complètement défaut.

La chèvre occupe une large place dans le Rhône. Son lait sert à fabriquer l'excellent fromage du Mont-d'Or et la fine rigotte de Condrieu, si appréciée des Lyonnais.

La valeur totale du cheptel vivant que nous venons d'énumérer peut s'évaluer comme suit :

Chevaux.	6.856.625
Mulets.	81.600
Anes.	231.240
Vaches.	16.839.940
Taureaux, bœufs et élèves.	6.326.408
Moutons, brebis, béliers et agneaux. . .	1.013.064
Porcs.	2.985.438
Chèvres.	760.037
Oiseaux de basse-cour, lapins, pigeons, etc.	1.415.525
Ruches d'abeilles (14.652 ruches) . . .	313.480
Total	36.823.357

Valeur des produits animaux.

La valeur des produits animaux comprend le travail, le croît, la production du lait et du fumier. La confection de l'état des produits fournis par le bétail, n'est pas sans présenter quelques difficultés ; toutefois, d'après les recherches que nous avons faites, on peut l'établir approximativement comme suit :

Espèce chevaline, mulassière et asine :

Travail et croît.	9.263.000
Fumier.	1.229.400

Espèce bovine :

Lait.	17.000.000
Croît et travail.	13.434.000
Fumier.	6.249.000

Espèce ovine :

Laine.	105.500
Croît.	426.600
Fumier.	420.000

Espèce porcine :

Croît.	2.780.000
Fumier.	439.000

Espèce caprine :

Lait.	1.359.000
Croît.	201.300
Fumier.	370.000

Animaux de basse-cour :

Œufs, croît et fumier.	1.850.000

Abeilles :

Cire.	63.589
Miel.	158.242

Vers à soie :

Production de cocons en 1893. . .	13.156
Total	55.351.887

Le lait, ainsi que nous l'avons dit précédemment, est consommé en nature ou transformé en beurre et fromage. Pour cela, diverses fromageries sont établies dans le Haut-Lyonnais, où l'on fabrique un bon fromage bleu (façon Roquefort). La plus importante a son siège à Saint-Laurent-de-Chamousset. En ce moment, elle utilise de deux à trois millions de litres de lait par année. En général, dix litres de lait suffisent pour 1 kilo de fromage que l'on vend, suivant réussite, de 1 fr. 40 à 1 fr. 70 le kilo. D'autres établissements analogues existent à Brullioles, Courzieu, Duerne, Pomeys, Saint-Genis-l'Argentière, etc.

Avec le lait de la brebis Millerotte on fait un excellent fromage qu'on écoule aisément à Lyon. Répétons que le petit fromage fabriqué sur les flancs des Monts d'Or Lyonnais et la rigotte de Condrieu sont deux produits très estimés.

Outillage.

Les grandes propriétés étant peu nombreuses dans le Rhône, le matériel agricole perfectionné s'y trouve relativement restreint.

La commune de Lyon exceptée, on compte dans le département :

Charrues ordinaires.	44.800
Charrues Brabant doubles.	250
Charrues bisocs et polysocs.	1.505
Houes à cheval, extirpateurs, scarificateurs, et bineuses diverses	2.310
Machines à battre actionnées par la vapeur.	211
— — mues par un manège. .	64
— — à bras.	174
Moissonneuses mécaniques.	56
Faucheuses mécaniques.	87
Rateaux et faneuses à cheval.	145
Semoirs divers.	35

Il existe encore, sur les divers ruisseaux qui sillonnent la partie montagneuse, de nombreuses roues hydrauliques mettant en mouvement des moulins, des scieries, des féculeries et autres usines. On trouve aussi quelques moulins à vent auxquels des pompes sont adaptées. La valeur du matériel agricole, y compris les harnais, les véhicules et les divers petits outils utilisés dans le domaine (les moteurs hydrauliques et à vent exceptés) est supérieure à 14.868.900 francs.

Le matériel vinicole comprend des cuves, des foudres, des fûts de toutes dimensions, des pressoirs, des fouloirs, des pulvérisateurs et autres petits outils servant à la culture de la vigne. Son prix dépasse 13.000.000 ; soit, en totalité, pour les deux matériels réunis, une somme de 27.868.900 francs. L'outillage utilisé serait susceptible de recevoir de nombreuses améliorations.

Division de la propriété.

En économie rurale, on considère comme appartenant à la très petite culture les exploitations qui comptent moins de 1 hectare ; à la petite culture, celles dont l'étendue varie de 1 à 10 hectares ; à la moyenne culture, celles de 10 à 40 hectares ; et à la grande culture, celles de plus de 40 hectares.

En prenant pour base cette classification, on trouve que la propriété, dans le Rhône, appartient surtout à la très petite et à la petite culture. En effet, il résulte des chiffres fournis par l'enquête décennale que la superficie cultivée, qui est de 260.286 hect., comprend 734.756 parcelles réunies en 60.259 exploitations, réparties comme suit :

27.660 ayant moins de 1 hect., formant ensemble   13.880 hect.
27.087 — de 1 à 10 hectares, faisant . . . . 113.306 —
 5.042 — de 10 à 40 hect., formant ensemble   95.270 —
   530 au-dessus de 40 hectares ou, en totalité,   38.910 —

60.259   260.286 —

Cette division extrême du territoire du Rhône est, à notre sens, ce qui en fait la richesse ; car il est certain que l'avenir appartient à la petite et à la moyenne culture. Celui qui exploite son domaine, aidé de ses enfants et de quelques domestiques, réalise de sérieux bénéfices. Il est certain qu'en raison des exigences de la main-d'œuvre, le faire-valoir devient tous les jours plus difficile. Aujourd'hui, du reste, la petite et la moyenne culture peuvent aussi aisément que la grande culture faire emploi de machines et réaliser des améliorations importantes. Le petit cultivateur intelligent qui exécutera lui-même ses travaux procédera avec économie.

Nous croyons fermement que la petite propriété aura pour principal effet d'attacher le paysan au sol qui l'a vu naître et qui le nourrit. Ce qui manque, en général, aux travailleurs des champs, ce sont les connaissances agricoles et le capital nécessaire. Il faut donc répandre à profusion les encouragements et les notions d'agriculture au sein de ces populations laborieuses et leur fournir à bon marché l'argent nécessaire aux améliorations qu'ils ont à faire. Tel est le problème dont la prompte solution aura pour conséquence d'augmenter la richesse agricole de notre région et du pays tout entier.

DEVILLE.

L'UNION DU SUD-EST

DES

SYNDICATS AGRICOLES

L'agriculture, dans la région lyonnaise, a largement profité de la facilité d'association que lui a donnée la loi du 21 mars 1884. L'initiative s'y était d'abord traduite, comme dans le reste de la France, par l'éclosion d'un grand nombre de syndicats agricoles locaux, sans cohésion ni action commune. La région lyonnaise est la première où l'association agricole ait pris une forme plus large, en superposant aux petits groupes de population rurale, une grande Union de syndicats agricoles, destinée à représenter les intérêts communs à toute une région.

L'*Union des Syndicats agricoles du Sud-Est* (généralement appelée *Union du Sud-Est*), dont le siège est à Lyon, est à la fois la plus ancienne et la plus puissante des associations agricoles régionales de France. Elle a groupé 75 syndicats locaux, et compte plus de 50.000 adhérents dans les dix départements dont Lyon est le centre : Savoie, Haute-Savoie, Isère, Drôme, Ardèche, Rhône, Haute-Loire, Loire, Ain, Saône-et-Loire.

L'*Union* est représentée par un bureau permanent de 12 membres, et une assemblée générale annuelle, composée de 5 délégués par syndicat. Elle publie : 1° un *Bulletin mensuel*, rédigé par une commission et servi aux syndicats adhérents ; ce bulletin, tiré à 15.000 exemplaires, traite de questions économiques et insère en même temps les communications des syndicats qui ne possèdent pas d'organe spécial ;

2° L'*Almanach du Sud-Est* ;

3° Elle a institué un comité de législation et de contentieux, qui donne des consultations sur les points de droit qui intéressent les syndicats affiliés ;

4° Elle a favorisé la formation de sociétés auxiliaires destinées à assurer, par la coopération, les achats de matériel et la vente des produits agricoles.

Ainsi s'est constituée, sous son patronage, et avec le concours financier des syndicats, la *Coopérative agricole du Sud-Est*, société civile, anonyme, au capital provisoirement fixé à 60.000 francs. La société centralise les achats et les ventes, et répartit les bénéfices entre ses 18.000 adhérents au prorata des opérations de chacun. Son chiffre d'affaires s'élève en moyenne à 70.000 francs par mois.

A côté d'elle s'est créée une autre société, l'*Union des Producteurs et des Consommateurs*, destinée à assurer la vente au détail à Lyon.

Enfin, entre les petits syndicats locaux et la grande Union du Sud-Est, se sont formées un certain nombre d'associations intermédiaires, qui représentent des intérêts spéciaux : telles sont l'*Union Beaujolaise* des syndicats de Villefranche et Anse, du Bois-d'Oingt, de Belleville-sur-Saône, du Haut-Beaujolais ; le *Syndicat des viticulteurs pépiniéristes du Sud-Est*, etc.

LES INDUSTRIES

Avec les seules ressources du pays qui l'avoisine, Lyon, sous les espèces d'une grande Exposition régionale, fût parvenu sans grand effort à réaliser une remarquable *Exposition universelle*. Il est difficile de rencontrer, en effet, une région dotée d'un plus merveilleux ensemble, d'un cycle plus complet d'avantages naturels et de productions de toute sorte ; plus que toute autre, elle est en mesure de suffire presque à tous ses besoins ; c'est là une situation enviable qui mérite d'être bien appréciée et mieux connue.

Dans le cadre que lui constituent les Alpes, le Jura, les monts du Lyonnais et les Cévennes, se rencontre une remarquable diversité de sols, d'altitudes, de climats. Des zones culturales très distinctes, presque tous les horizons géologiques, offrent à l'activité humaine toutes les ressources qu'elle puisse mettre en œuvre.

Et tout cela, servi par une situation géographique qui lui a donné depuis vingt siècles une des routes de circulation et de transit les plus fréquentées du monde, avec un courant d'échanges, de relations commerciales et politiques, avec tous les bénéfices que ces contacts laissent après eux au point de vue de l'initiative propre, de la diffusion des idées et des découvertes, de la prospérité générale.

En surplus des germes si divers laissés sur notre sol par toutes les invasions guerrières ou pacifiques, celtiques, gallo-romaines, burgondes, italiennes, attirées chez elle aux divers âges historiques par l'attrait de ce milieu favorisé, le mélange constant des hommes de nos montagnes et de nos plaines engendre une variété de tempéraments, de qualités, d'aptitudes dont est faite une population vaillante, laborieuse, active, économe, enthousiaste aux choses nouvelles, avec des contradictions de tempéraments et des oppositions de caractères, explicables par ces origines diverses, qui déroutent souvent l'observateur et que Lyon résume si bien.

Voies navigables. — Chemins de fer.

Dans l'inventaire que nous avons à dresser de nos ressources matérielles, nous aurions à inscrire, en première ligne, l'admirable voie navigable qui fut, dès la première heure, un des meilleurs agents de notre fortune, le facteur principal de nos échanges et des apports venus de l'Italie, de l'Espagne, de l'Afrique, plus tard de l'Orient et de l'Inde, pour enrichir toute notre région.

Mais c'est là l'objet d'une étude spéciale que le lecteur trouvera dans ce volume.

Notons seulement ici que la grande voie du Rhône et de la Saône, mise en communication par ses canaux avec la Loire, la Seine, le Rhin et la Moselle, exerce indirectement une influence bienfaisante, en opposant aux chemins de fer une utile concurrence, et en servant de régulateur à leurs tarifs.

Des chemins de fer, nous n'avons pas non plus à parler, mais nous ne pouvons omettre d'indiquer au moins au passage, comme un des facteurs principaux de la richesse industrielle de Lyon, ce réseau si complet de voies ferrées dont notre ville est le centre, et qui s'explique suffisamment par sa situation privilégiée.

Productions naturelles.

Houille. — Un autre élément primordial de la prospérité de notre région a été la *production houillère*.

La houille se trouve presque aux portes de Lyon, à Givors, et en face de ce point, dans l'Isère, à Communay (anthracite); c'est l'extrémité vers l'est du grand bassin houiller de la Loire qui occupe presque toute la vallée du Gier, et s'étend, en s'élargissant vers Saint-Etienne, jusqu'à la Loire. C'est en grande partie grâce aux capitaux lyonnais que ce riche bassin a été mis en exploitation. Il a apporté à la région lyonnaise, au moment où son industrie prenait de plus en plus d'extension, l'aliment nécessaire de la force motrice, on peut dire la force motrice elle-même. Nous profitons encore du bassin beaucoup plus important du Creusot et de Blanzy, dont les houilles par le canal du Centre et la Saône arrivent à Lyon à bas prix.

L'exploitation de la houille est fort ancienne dans notre région : les archives de la Compagnie de Roche-la-Molière recèlent des actes de 1321 conférant droit à l'extraction du charbon. Certains gisements de Rive-de-Gier étaient exploités dès le xv⁰ siècle.

La production de la Loire atteignait, en 1812, environ 300,000 tonnes; en 1832, 634.000 tonnes.

Puis, elle se développa rapidement avec les nouveaux moyens de transport dont nous parlerons plus loin; nous la voyons suivre la rapide progression suivante :

En 1833,	800,000 tonnes.	
» 1853,	2.215.000	»
» 1864,	3.041.000	»
» 1874,	3.570.000	»
» 1883,	3.587.000	»
» 1894,	3.820.000	»

La découverte de nouvelles couches, l'exploitation de niveaux plus profonds (1), l'abaissement de tarifs de transport trop élevés permettront d'étendre les champs d'extraction et les débouchés, pour atteindre et dépasser la production de 4 millions de tonnes devant laquelle la Loire semble hésiter depuis quelques années.

La mine de Sainte-Foy-l'Argentière a fourni, en 1892, 40.920 tonnes, chiffre un peu inférieur à la moyenne, qu'on peut évaluer à 45.000 tonnes environ. Un autre petit bassin, celui de la Chapelle-sous-Dun, en Saône-et-Loire, fournit 60.000 tonnes. Le Creusot et Blanzy ont donné, en 1892, 1.575.620 tonnes. De tous les départements voisins où s'exporte la houille de Saône-et-Loire, c'est le Rhône qui, par l'importance de sa consommation, tient le premier rang, avec 130.000 tonnes environ. La Côte-d'Or, beaucoup plus rapprochée, ne vient qu'en seconde ligne, avec 115.000 tonnes.

---

(1) Un certain nombre de puits dans la Loire, dans Saône-et-Loire, atteignent 600, 700 et même 790 mètres de profondeur, avec des extractions à grande vitesse.

A la production houillère il faut ajouter celle de l'anthracite des mines de Lamure, dans l'Isère.

Notre région compte encore d'intéressants gisements de schistes bitumineux dans Saône-et-Loire, le Gard, la Savoie et la Drôme, que la concurrence des pétroles, avec l'abaissement des droits, compromet gravement; elle possède un gîte renommé de calcaire asphaltique à Pyrimont, dans l'Ain.

FER. — Sans compter les arrivages de minerais d'Afrique, d'Espagne, de l'île d'Elbe, qui abordent par le littoral, notre métallurgie a trouvé à sa portée d'excellents minerais : dans l'Ardèche, dans l'Ain, l'Isère, la Savoie et Saône-et-Loire; plus au nord, dans la Haute-Saône et le Doubs.

De bonne heure, elle put entreprendre la production de remarquables aciers avec les minerais spathiques de la Maurienne et de la Tarentaise, comparables à ceux qui ont fait la réputation de la Styrie, de la Carinthie et du pays de Siegen.

La création de la grande métallurgie dans la Loire date de ce siècle.

Les Jackson, appelés d'Angleterre par Chaptal, fondèrent en 1815 les premières aciéries au Chambon, au Soleil, à Assailly.

Comme toutes les autres industries, la sidérurgie dut attendre, pour se développer à souhait, 1833 et l'établissement des premiers chemins de fer.

Jusqu'alors on produisait 20.000 tonnes de fonte et 15.000 tonnes de fer, avec les minerais de la Voulte et de Villebois; l'armurerie prenait ses aciers à Rives.

De 1833 à 1875, la production métallurgique de la Loire a été la plus importante de France; depuis, elle a décliné par suite de l'arrêt survenu dans la fabrication des rails, et aussi de la longueur des transports et de la cherté des minerais, au regard d'autres bassins concurrents, du Centre et de la Moselle, plus favorisés par le voisinage immédiat des mines métallurgiques; le haut-fourneau a dû se déplacer et marcher vers le minerai. Les procédés de déphosphoration sont encore venus corriger la moindre qualité des fers de la Moselle (1); et il ne

(1) Nombre de hauts-fourneaux actuellement en activité dans la région lyonnaise :

        Isère, 3 — (2 à Chasse, 1 à Allevard).
        Rhône, 1 — à Givors.
        Loire, 1 — à Firminy.
        Ardèche, 2 — au Pouzin.
        Saône-et-Loire, 4 — au Creusot.

reste plus à la Loire que la ressource de se rabattre sur les fers fins, sur les aciers supérieurs, sur les produits heureusement rémunérateurs demandés par la marine, l'artillerie, les chemins de fer, l'armurerie, position qu'elle défend avec la plus grande énergie.

En attendant, la production annuelle des fontes, fers et aciers, de 275.000 tonnes en 1882, est tombée à 120.000 tonnes en 1892, pendant que la Moselle a remonté sa production à 1.500.000 tonnes, et le Nord à 650.000 tonnes. Les produits courants du Nord et de l'Est viennent couramment, par les conaux, concurrencer les produits de la Loire dans la Loire même, et jusque dans le Midi.

Les grands progrès dans la production des aciers sont nés dans nos établissements de la Loire; cette tradition ne se perd pas : on améliore les aciers par l'introduction de l'aluminium; on obtient des aciers incomparables au chrome, au titane, au nickel, en attendant qu'on produise synthétiquement des aciers sans rivaux avec du fer chimiquement pur et des dosages précis des corps alliés.

C'est sur ce terrain que nos industriels prendront une éclatante revanche et reverront sans doute de meilleurs jours.

Les industries de transformation, armurerie, serrurerie du Forez, taillanderie, coutellerie, boulonnerie, clouterie, les limes, les ressorts, les chaînes, etc., absorbent une grande partie de la production de la Loire ; malheureusement, la quincaillerie, née dans le Forez, s'est transportée en grande partie à Mirecourt et à Beaucourt.

Néanmoins, les usines de Saint-Étienne, du Chambon, de Saint-Martin, de Saint-Bonnet, gardent encore une activité sérieuse et exportent leurs produits dans le Levant, l'Espagne et jusque dans l'Amérique du Sud.

A la limite de notre région, la grande cité-usine du Creusot arrive à produire à elle seule, en fontes, fers et aciers, incomparablement plus que les usines de la Loire et du Rhône ensemble, 275.000 tonnes en 1892, livrées, pour la plus grande partie, en produits supérieurs, à l'artillerie, à la marine, aux chemins de fer, en ponts, machines, etc.

PYRITES ET SOUDES. — Les remarquables gisements de pyrites de Chessy et de Sain-Bel ont fait la fortune de l'industrie chimique de notre bassin, avec l'appoint d'exploitations moins importantes dans le Gard et dans l'Ardèche; c'est une production annuelle de 220.000 tonnes qui approvisionne presque exclusivement les usines d'acide sulfurique de France et de Westphalie.

La soude, cette autre base de la grande industrie chimique, dont la production, avec celle de l'acide sulfurique, mesure l'activité industrielle d'un pays, est amplement fournie aux besoins de nos usines par le chlorure de sodium, assez bien réparti à leur portée, au nord, par les salines du Jura, du Doubs et des Vosges, au sud, par les marais salants du littoral échelonnés d'Hyères à Cette.

Matériaux de construction. — Notre région dispose de matériaux de construction de premier ordre.

En tête, nous placerons les granits, les serpentines, les marbres, brocatelles et brèches des colorations les plus diverses, blancs, gris, noirs, roses, violets, jaunes, de la chaîne des Alpes.

Comme pierres de construction, nous pouvons offrir les pierres dures, compactes, sans rivales, de Villebois, dans le voisinage immédiat de Lyon, si employées dans les constructions lyonnaises ; plus loin, celles de l'Ardèche, d'Hauteville, de l'Echaillon, de Ruoms, etc.

Nos rives du Rhône nous fournissent en outre un choix précieux de calcaires demi-durs et tendres, qui se prêtent mieux à l'ornementation, et tendent à prendre une plus large place dans les constructions plus économiques.

Tout près de nous, les chaux hydrauliques de l'Isère et de l'Ain, plus loin, celles de l'Ardèche, ont acquis une réputation universelle et s'exportent jusqu'en Amérique.

Les ciments lents, demi-lents et prompts sont nés dans notre bassin, dans l'Isère et dans la Côte-d'Or, et les produits de Grenoble, de Vassy, de Valdonne, du Teil, peuvent défier tous leurs concurrents.

Les départements de Saône-et-Loire et de la Savoie livrent des plâtres excellents.

Quant aux tuileries et aux briqueteries, elles se rencontrent un peu partout, à proximité des houillères, et beaucoup, par la supériorité de leurs produits, ont un rayonnement considérable.

Produits agricoles, industriels.

Les céréales et les pommes de terre alimentent un grand nombre d'industries importantes, minoteries, amidonneries, féculeries, distilleries, glucoseries, pâtes alimentaires, brasseries, etc.

Les *graines oléagineuses*, colzas, œillettes, fournissent les matières premières à de nombreuses huileries.

Nos *vignobles*, défendus ou reconstitués avec la plus admirable énergie, présentent leurs variétés si appréciées des Côtesdu-Rhône, de l'Hermitage, du Beaujolais, du Mâconnais, pour soutenir vaillamment la réputation des vins français.

Sur les flancs de nos montagnes, *l'industrie laitière*, en s'annexant les meilleurs procédés de l'étranger, et par la coopération largement entendue, prend tous les jours une importance plus considérable avec ses produits en beurres et en fromages mieux faits et plus appréciés.

Les *plantes textiles*, chanvres, lins, cherchent encore sur bien des points à défendre leurs positions contre les importations étrangères.

La culture de la *betterave*, qui s'était jusqu'ici timidement avancée du nord jusque dans le Puy-de-Dôme et Saône-et-Loire, est en voie de s'acclimater dans l'Isère, Vaucluse et le Gard, en apportant un précieux appoint de prospérité à ces départements et un aliment de plus aux grandes raffineries du Midi.

L'industrie forestière possède un magnifique domaine sur toutes les hauteurs qui entourent notre région. Toutes les essences indigènes s'y rencontrent, bois durs, tendres ou résineux, jusqu'aux lièges dans le Var, pour le service de la construction, de la scierie, de la tournerie, de la teinture, etc.

La culture du mûrier, autrefois très prospère dans nos environs, notamment dans l'Isère, va peut-être reprendre son essor, grâce aux encouragements accordés à la sériciculture et à de meilleurs soins donnés aux arbres, depuis quelques années un peu abandonnés.

Industries de transformation.

Soieries. — Nous laissons à un chapitre spécial l'étude de notre industrie maîtresse, celle de la soierie et de ses innombrables annexes, de son outillage servi par un personnel d'élite, par un goût incomparable et un atavisme spécial qui sauront toujours victorieusement défendre la mise en œuvre du « fil d'or » contre les assauts de tous les concurrents.

Nous rappellerons brièvement, d'après une très savante étude de M. Cl. Bocca, que, sur une production annuelle de 14 millions de kilogrammes de soie dans le monde (1890), la France en traite pour sa part 6.920.000 kilog., et Lyon 4.400.000 kil., d'une valeur de 400 millions, alors que les autres industries lyonnaises réunies ne fournissent qu'un appoint de 338 millions à notre mouvement d'affaires annuel.

Saint-Etienne, pour la consommation de sa rubanerie, de sa passementerie, de ses lacets, etc., absorbe 1.424.000 kilog., et les autres villes, Paris, Nîmes, Avignon, Aubenas, Amiens, ensemble 648.000 kilog.

Autres textiles. — L'industrie de la laine, très ancienne dans la région, y est largement représentée par un groupe important de fabriques de draps et de couvertures dans l'Isère, dans l'Ain, dans le Rhône et dans la Loire.

Le coton compte d'aussi nombreuses filatures et de plus importants tissages pour la fabrication des cotonnades, des mousselines, des velours, etc., notamment dans le groupe du Rhône, de la Loire et de Saône-et-Loire. Notre soierie reste pourtant tributaire des filatures du Nord pour la fourniture des filés fins dont elle absorbe des quantités considérables dans la fabrication de ses tissus mélangés.

La production des toiles de chanvre s'est plus particulièrement localisée dans les départements du Rhône et de l'Isère, près des anciennes régions de culture.

Industrie du fer et de l'acier. — L'excellent métal, fer ou acier, qu'on sait fabriquer dans nos régions, entretient une légion d'industries, depuis celles qui produisent, avec leurs gigantesques marteaux de 120 tonnes ou les nouvelles presses hydrauliques de 4.000 tonnes, les masses formidables demandées par la marine, l'artillerie et les chemins de fer, jusqu'aux clous et aux vis, en passant par toute l'échelle des transformations possibles. Par l'excellente fabrication des canons, des blindages, des tourelles, la Loire constitue un des plus précieux arsenaux de la défense nationale ; l'armurerie est encore une de ses plus intéressantes spécialités.

Cette dernière industrie, réputée pour l'élégance et la qualité de ses produits, s'est implantée à Saint-Etienne, au xive siècle, à la naissance des armes à feu ; elle fut longtemps très prospère, jusqu'à ce qu'une législation ombrageuse et inquiète vînt, en 1835, lui porter un coup funeste, au grand bénéfice de nos voisins de Belgique.

Alors que, de 120.000 armes livrées par an, en 1833, Saint-Etienne est tombée à 40.000 dans ces dernières années, Liège a vu sa production monter à 1.500.000.

Les exigences des armements à outrance sont venues compenser ce déficit de la consommation privée. La Manufacture nationale d'armes, créée en 1764, qui produisait, avant la guerre de 1870, de 60 à 70.000 armes par an, a dû s'organiser pour fabriquer de 150 à 200.000 armes, et même, pour faire face aux dernières transformations, elle a dû s'agrandir et s'outiller pour fournir jusqu'à 1.600 fusils par jour, près de 500.000 par an, concurremment avec Tulle et Châtellerault.

Verreries. — L'industrie verrière, desservie par le canal de Givors, s'établit dès 1778 à Rive-de-Gier et à Givors. Puis, en s'assimilant tous les progrès pour les vitres, les bouteilles, la gobeletterie, notamment dans la disposition de ses fours, fours à gaz, fours continus, elle s'est dispersée à Saint-Etienne, à Saint-Galmier, à Saint-Just, à Andrézieux, en luttant de son mieux contre la concurrence des produits du Nord, plus favorisé par le bas prix des houilles et des transports. Intimement liée au commerce des vins fins, des liqueurs, des eaux minérales, il lui a fallu se transporter ensuite près des sources et des centres producteurs, et se mettre à meilleure portée.

Certaines usines de la Loire parviennent à produire encore 30 millions de bouteilles par an.

Quant à la gobeletterie, à la verrerie fine, à la cristallerie, elles tendent à se rapprocher du grand marché parisien dont l'immense débouché couvre mieux les frais de dessins et de modèles.

Produits chimiques. — Entre tant de remarquables ressources en matières premières, houilles, soufre, soude, d'une part, et les demandes si variées de la teinture, l'industrie chimique ne pouvait que se développer avec le plus grand succès dans toute notre région.

La fabrication de l'acide sulfurique au moyen des pyrites, créée à Lyon en 1833, par MM. Perret et Olivier, a donné naissance à de superbes établissements, à Chessy, à Saint-Fons, au Pontet, devenus la propriété de la Compagnie des Glaceries de Saint-Gobain. On fabrique, à Lyon seul, plus de 30.000 tonnes d'acide sulfurique, avec tous les produits qui en découlent, sulfate et carbonate de soude, acide chlorhydrique, chlorures de chaux, par l'admirable enchaînement du procédé Leblanc.

De chez nous, cette belle industrie a gagné l'Alsace et Paris,

d'un côté, Avignon, Alais et Marseille, de l'autre, en développant toutes les autres industries sur son passage ; en perfectionnant encore ses fours et ses moyens, elle se défend encore
vaillamment contre les assauts que lui donnent les nouveaux
procédés Solvay pour la soude à l'ammoniaque, Deacon ou
Weldon pour la production du chlore et des chlorures.

Une nouvelle évolution les menace peut-être, l'électrolyse,
pour obtenir directement du chlorure de sodium le chlore et
la soude ; dans tous les cas, c'est, comme nous le verrons, un
contingent que l'avenir assure à notre région.

Autour de ces productions maîtresses sont venues se grouper
les fabrications les plus diverses : acides azotique, acétique,
tartrique, citrique, borique, etc.; sulfates de cuivre et de fer,
rouilles et mordants, borax, phosphore; sels de plomb, d'étain,
produits pharmaceutiques, etc. (1).

Encouragées par les demandes incessantes de la teinture, les
matières colorantes tirées des huiles lourdes de houille virent

(1) Le seul département du Rhône compte environ 70 usines où se fabriquent des produits chimiques en tous genres.

Voici le résumé d'une enquête faite auprès des divers intéressés :

DÉSIGNATION :	VALEUR DE LA PRODUCTION.
Matières colorantes minérales	6 millions.
— — végétales.	5 —
Produits dérivés des os : Colle et gélatine.	6 —
— — Engrais	6 —
— — Phosphore	1,5 —
Stéarine	8 —
Savonnerie	2 —
Acide picrique et divers	5 —
Acide tartrique et tanins	2 —
Extraits de bois	2 —
Borax	1 —
Couleurs et vernis.	1,5 —
Sels d'étain	0,5 —
Verdet	0,350 —
Rouille.	0,300 —
Acide acétique et charbon de bois	1 —
Usines de Saint-Gobain. Acides sulf. et chlorhyd. . .	
— Sulfate de fer et de cuivre. .	17 —
— Sels de soude.	
— Engrais.	
Produits pharmaceutiques.	3 —
Divers produits et dérivés.	5 —
TOTAL.	73,2 —

Renseignements tirés du *Compte rendu des travaux des Chambres syndicales lyonnaises*, pour l'exercice 1892-93.

le jour à Lyon, en 1859, avec la fuchsine, suivie de près par toutes les couleurs de l'arc-en-ciel, les bleus, les violets, les verts, les jaunes, les rouges, au plus grand détriment des anciennes couleurs d'origine végétale, orseilles, indigos, garances, campêches, gaudes, curcumas, sumacs et autres, de plus en plus refoulées par leurs jeunes rivales, dont la palette offre les ressources presque infinies de 15 à 18.000 couleurs.

Après d'assez belles années de prospérité, devant la concurrence allemande, favorisée, elle, par le bas prix de la main-d'œuvre, des alcools et des éthers, cette intéressante industrie disparaît peu à peu, et ne reste représentée surtout que par les extraits tanniques, de bois de chêne ou de châtaignier, par l'orseille, le carmin d'indigo, les outremers artificiels et leurs variétés.

L'abondance des résidus de boucherie et l'affluence des importations étrangères ont encouragé à Lyon, à Annonay, l'industrie des gélatines, pour presque la moitié de la production française totale, avec l'intégralité de la fabrication du phosphore.

Il en a été de même pour le traitement des graisses animales : la stéarinerie, la savonnerie, la production de la glycérine constituent des branches importantes de l'industrie chimique. L'importante consommation de savon que faisait le décreusage des soies, a été considérablement atténuée par les procédés nouveaux de récupération des savons.

Pour l'utilisation des cuirs et des peaux, depuis plus d'un siècle, se sont développées, à Lyon surtout, les multiples industries de la tannerie, de la corroierie, de la mégisserie, qui entretiennent autour d'elles d'autres branches importantes, la cordonnerie, la sellerie, la ganterie, dans les départements circonvoisins de l'Isère, de la Drôme, etc. (1)

On peut rattacher encore à cette série la chapellerie de feutre, si prospère dans de nombreuses localités du Rhône et de la

---

(1) Productions des industries du cuir dans le département du Rhône :

Grosse tannerie, Lyon et Villefranche.	15 millions.
Corroierie	26 —
Mégisserie	6 —
Ganterie de peau.	1 —
Chaussures (usines seulement).	6 —
TOTAL.	54 millions

Compte rendu des Chambres syndicales pour 1893.

Loire, et à laquelle est venue s'adjoindre la fabrication des chapeaux de paille avec les tresses indigènes ou les tresses importées de l'Italie, de la Chine et du Japon.

INDUSTRIES DE L'ALIMENTATION. — Tout le long de nos grandes vallées du Rhône et de la Saône s'échelonnent des minoteries considérables, pour traiter les blés excellents de nos plaines et les importations d'Afrique, de Russie, d'Australie, d'Amérique : elles réexportent beaucoup en Suisse.

Venue d'Italie par la Savoie, l'industrie des pâtes alimentaires a pris, à Lyon même, une extension considérable pour utiliser les blés durs de l'Algérie, de la Grèce, de la Russie ; ces usines ont à peu près complètement évincé la concurrence italienne du marché français, et approvisionnent en majeure partie les pays du Nord, la Turquie, l'Egypte, les Indes et l'Amérique (1).

Avec les ressources si variées de nos montagnes environnantes, la fabrication des liqueurs a pris, dans le Doubs, l'Isère, le Rhône, une grande extension, que beaucoup déplorent par bien des côtés.

INDUSTRIES DE LUXE. — Parmi les industries de luxe, il nous faut classer en première ligne celles qui traitent l'or et l'argent. Lyon est le principal centre de la tréfilerie, sorte de monopole qu'il détient depuis bien des siècles, pour la production des traits d'or et d'argent, aux divers titres, depuis 0,990 de fin, jusqu'aux plus bas de 0,075, et même de 0,025 pour l'exportation ; elle les livre à la guimperie et à la passementerie, qui fournissent en fins les filés, les galons et les étoffes pour l'armée et les ornements d'église, en mi-fins la passementerie de modes, en faux pour l'Orient et les Indes.

La bijouterie, la joaillerie, l'orfévrerie, les bronzes d'église, bien que tenus par les besoins de leur clientèle à des créations moins chères et moins finies qu'à Paris, grâce aux précieuses leçons de notre Ecole des Beaux-Arts, excellent dans la façon

---

(1) La minoterie, dans le seul département du Rhône, transforme environ 3.500 quintaux de grains par jour, soit, pour 350 jours de travail par an, 1.225.000 quintaux, qui, au prix moyen de 29 francs les 100 kilogr., représentent 35.525.000 francs de production. Le commerce des grains, farines et issues se chiffre par 125 à 150 millions.

La minoterie compte huit établissements importants, plus une centaine de petits moulins. La production annuelle des pâtes alimentaires dans le département du Rhône est d'environ 15 à 20 millions de kilogr., évalués de 10 à 15 millions de francs, dont 1/4 environ est exporté. Cette industrie compte 1.200 ouvriers   (*Compte rendu des Chambres syndicales.*)

des objets courants, qu'elles établissent avec un goût parfait, une conscience et un scrupule fort appréciés dans toute la France, et même à Paris (1).

Ces industries cherchent à lutter à l'étranger contre les bas titres et les bas prix de la concurrence allemande, et parviennent par leur loyauté à s'y garder une place honorable ; elles ont réussi de la sorte à conserver leurs débouchés en Espagne, en Belgique et en Angleterre.

L'orfévrerie religieuse, aux mains d'artistes consommés, constitue une branche considérable de la production lyonnaise, et parvient à rivaliser avec Paris.

AMEUBLEMENT. — A la Renaissance, au contact plus immédiat de l'art et des ouvriers italiens, Lyon développa avec un goût exquis le travail du meuble ; cette tradition, un peu perdue par la suite, s'est réveillée depuis un demi-siècle par l'influence bienfaisante de l'enseignement artistique, si bien doté dans notre ville. Aux dernières grandes Expositions, notre ébénisterie a lutté sans infériorité avec les meilleures créations parisiennes ; avec l'appoint des incomparables étoffes que lui préparent nos tisseurs, elle ne peut redouter personne.

Les produits lyonnais se distinguent par le confortable, la sobriété de l'ornementation, l'admirable fini du travail.

Le meuble courant semble, de son côté, prendre plus d'importance industrielle.

Nous signalerons, en passant, une industrie qui a pris, chez nous, une grande extension, la sparterie, alimentée par les arrivages d'alfas d'Algérie, d'aloès de Manille, de cocos des Indes, de cysale du Mexique. Sauf la moindre valeur de la matière première, cette industrie emprunte de la plus curieuse façon le matériel et la facture similaires de la soierie, depuis la filature jusqu'au tissage avec les mécaniques Jacquard, même avec les variétés du teint en flottes et du teint en pièces.

CARROSSERIE. — La carrosserie a une grande importance dans notre région ; comme l'ameublement, elle se distingue par le soin scrupuleux de tous les éléments, le confortable de goût sévère, la qualité des produits, toutes choses caractéristiques des créations lyonnaises.

PAPETERIE. — En raison des ressources en eau qu'elle a toujours trouvées dans toutes nos vallées, comme force motrice et

(1) Valeur de la production de Lyon en bijouterie, joaillerie, tréfilerie, orfévrerie : 35 millions.

pour le lavage des produits, la papeterie s'est largement installée dans notre région, et principalement dans l'Isère. Le voisinage des fabriques de produits chimiques et la facilité des approvisionnements en matières premières ont encore contribué à sa prospérité.

Aussi, dans nos alentours, peut-on trouver la série la plus complète de toutes les productions de cette grande industrie, depuis les plus beaux papiers à dessin, à lettres, à registres, façon Chine, à photographie, à impression, jusqu'aux papiers de pliage et aux cartons les plus communs. Nous pouvons défier tous nos rivaux, et certaines qualités, comme les papiers photographiques, n'ont pu être contrefaites par personne.

Malheureusement, la baisse des prix, commandée par la concurrence et encouragée par l'introduction des succédanés inférieurs, des charges minérales, de la pâte de bois, a violemment réagi sur la qualité des papiers; on peut se demander ce qu'il adviendra et ce qui restera, dans dix ou vingt ans, de beaucoup d'ouvrages édités de nos jours.

Une réaction salutaire commence pourtant à se dessiner déjà, avec un retour vers les beaux papiers de chiffons, qui sont la gloire de nos grands fabricants de Rives ou d'Annonay, par exemple.

La typographie, la lithographie offrent de remarquables ressources à Lyon, qui conserve pieusement la tradition des grands imprimeurs des siècles passés : les grands éditeurs parisiens confient volontiers à nos grands ateliers la composition et le tirage de beaucoup de leurs éditions les plus belles et les plus difficiles.

Lyon prépare des plaques photographiques dont la renommée s'étend au plus loin.

C'est encore à Lyon que Conté inventa les crayons, et fonda cette industrie exploitée encore dans le Rhône avec grand profit.

On pourra se représenter quelle peut être la part de notre bassin du Rhône dans l'ensemble de l'industrie nationale, quand on saura que Lyon seul lui fournit un contingent annuel de 750 millions de francs.

Avenir de l'industrie dans le Sud-Est.

Cette universalité, cette supériorité de productions, d'un ensemble aussi peu banal qu'aucun autre au monde peut-être, semblent moins que partout ailleurs destinées à dépérir ; elles ont, pour leur sauvegarde, l'indomptable énergie des habitants, des ressources naturelles peu près d'être épuisées, une position géographique inattaquable. Pour renforcer ses moyens d'action, pour féconder mieux encore tous ces biens, notre région dispose de ressources d'instruction, de vulgarisation pour les sciences et les arts à tous les degrés, que peu de foyers intellectuels possèdent aussi complètes, aussi puissantes, aussi libérales.

Ce que, dans des temps moins éclairés, moins favorisés, notre région a su faire pour mettre en œuvre ses richesses minérales, agricoles, industrielles, est le gage de ce qu'elle saura réaliser mieux encore dans l'avenir, avec le concours d'autres ressources nouvelles dont on peut entrevoir distinctement toute la merveilleuse puissance.

A côté de nos réserves de *houille noire*, réserves assez éloignées encore de leur épuisement, n'avons-nous pas, dans nos montagnes, au milieu de tous les dons naturels dont nous venons de faire une revue trop rapide, à l'égal de la Suisse et de la Norwège, les immenses ressources, inépuisables, elles, de la *houille blanche*, comme on a si justement et si pittoresquement appelé les neiges qui reviennent sans relâche s'accumuler tous les hivers sur toutes nos cimes, pour se résoudre ensuite lentement en énergie mécanique, puis en énergie électrique, calorifique, chimique, lumineuse, à utiliser directement dans nos vallées ou sur les flancs de nos montagnes, ou à distribuer à 100 ou 150 kilomètres de distance, au moyen de transmissions tous les jours plus sûres d'elles-mêmes ? Pour estimer la puissance de ces ressources sans pareilles, on peut dire que Lyon, à lui seul, est en mesure de s'assurer, au fur et à mesure de ses besoins grandissants, un contingent formidable de 150.000 chevaux hydrauliques, qui pourront lui coûter de frais annuels le tiers peut-être de la dépense dont est chargé le cheval-vapeur actuel à la houille.

L'utilisation d'aussi admirables réserves, domestiquées en quelque sorte, sera la superbe tâche du siècle qui va venir ; de ces progrès attendus et certains, procédera la transformation industrielle qui mettra presque partout en jeu la force nouvelle au service de nos ateliers, de la métallurgie et de la chimie surtout, pour produire des fers et des aciers incomparables par électrolyse et synthèse, aussi bien qu'on fait déjà pour l'aluminium et le cuivre, pour préparer en grand des facteurs aussi puissants que l'oxygène, l'hydrogène, ou d'autres agents encore jusqu'ici entrevus seulement dans les laboratoires, pour faire cristalliser le carbone, pour transformer tellement l'industrie chimique, que les procédés les plus savants de nos jours sembleront confiner à la barbarie.

Ces forces toujours renaissantes, inépuisables, transportées par de simples fils partout où besoin en sera, ne préparent-elles pas une révolution plus profonde que n'a su la provoquer la machine à vapeur depuis un demi-siècle ?

En dépit de l'ancien adage, le siècle prochain verra certainement encore du nouveau sous le soleil ; si amplement dotée de tous les éléments d'activité que nous avons essayé de faire apprécier, riche comme nulle autre des réserves génératrices de la force nouvelle, notre région reste plus admirablement placée que jamais pour faire la plus brillante partie dans ce magnifique concert.

A. LÉGER, *ingénieur*.

L'INDUSTRIE DE LA SOIE

I

L'industrie textile, c'est-à-dire l'industrie qui a pour objet la préparation, la filature et le tissage des filaments, est une des branches les plus importantes du travail en France. On en estime la production à deux milliards et demi de francs, et l'exportation de ses produits dépasse un milliard.

Ces fabriques, qui ont une sorte d'homogénéité et dont l'organisation est forte, sont disséminées sur tous les points de notre territoire ; elles y forment des groupements distincts et indépendants, foyers d'activité manufacturière dont chacun a un rayonnement assez étendu.

A cela il y a toutefois une exception, et c'est l'industrie de la soie qui la présente.

L'industrie de la soie est, de toutes les industries textiles, celle qui a ce caractère particulier d'être, dans l'ensemble, localisée à peu près dans la même région. Cette industrie se divise naturellement, comme les autres, en plusieurs branches séparées que leur objet, leurs procédés et leurs produits permettent de définir de la façon la plus nette.

Mais qu'il s'agisse des branches qui représentent la production de la matière première à ses différents degrés ou de celles qui sont ordonnées pour faire emploi de la soie par le tissage, la remarque doit être faite que, dans la généralité des cas, ces diverses manufactures n'ont pas eu en France cette distribution géographique inégale, qu'on observe pour les autres matières textiles et dont la cause première est le plus souvent inexpliquée.

Nos industries de la soie sont, de nos jours, pour ainsi dire concentrées dans cette région du sud-est, qui a formé, il y a dix siècles, d'ailleurs pendant peu de temps, une unité territoriale, non pas ethnique, mais politique. C'était ce vaste triangle fermé à l'est et à l'ouest par des montagnes, au midi par la mer, qui avait à son sommet la ville de Lyon, placée en quelque sorte au point de partage des bassins du Rhône, de la Loire et de la Seine, cette ville qu'on regardait, dans les premiers de son histoire, comme « le plus célèbre marché de toute l'Europe ».

L'histoire du travail est toute à faire ; elle est aussi obscure pour la soie qu'elle l'est pour les autres filaments. Un des chapitres les plus curieux et les plus instructifs de cette histoire serait celui qu'on consacrerait à l'introduction, à la pénétration, au rayonnement de chaque industrie dans notre pays. Les grands mouvements de ce genre qui ont eu si souvent, au moins pour un temps, des conséquences économiques considérables, n'ont jamais été imprévus. On peut en découvrir la raison d'être, et l'on peut en tirer des leçons.

Pour ce qui est de l'industrie de la soie, on verrait, s'il nous était donné de dire ses origines sur le territoire qui est devenu la France, de raconter ses migrations immédiates, les transports successifs de ces métiers d'abord si petits, les établissements dus à la seule volonté du souverain, on verrait, disons-nous, comment un premier groupement naturel a été suivi d'un éparpillement dû à des actes d'autorité, et comment à cet éparpillement a succédé, par la force des choses et par de lents mouvements, la concentration actuelle.

La localisation des industries n'est pas aussi accidentelle qu'on se l'imagine ; elle résulte soit des courants ordinaires du commerce, soit d'événements historiques ou d'une politique économique vigoureuse. Elle est, à plus d'un titre, intéressante à étudier. Ceux-là qui se sont fait de la géographie la véritable et large conception qu'elle comporte ne s'étonneront pas qu'on puisse trouver attrait et utilité à entreprendre l'histoire et l'observation de la distribution géographique des forces du travail, en ne séparant ni de l'une ni de l'autre l'estimation de ces forces et de leur valeur au point de vue national.

Il ne nous appartient pas d'aborder ici cette étude. Nous nous bornerons à tracer à grands traits un aperçu de l'industrie française de la soie, qui a été si longtemps et qui est encore un des principaux éléments de la prospérité de notre pays. Cette industrie doit aux initiatives et aux énergies lyonnaises les inventions et les entreprises qui lui ont fait acquérir un si haut renom.

Avant de parler de ses déplacements, de ses progrès et de ses luttes de concurrence, nous essaierons de montrer quelle elle est, d'imprimer dans l'esprit une claire notion de sa diversité et de sa grandeur, des efforts qu'elle impose aux populations qui l'exercent.

II

La soie est un produit de l'Asie. Elle nous est venue de l'extrême Orient, en dernier lieu de l'Asie centrale ou de la Perse ; peu importe de quelle contrée et par quelle voie. On l'a reçue en Europe d'abord à l'état de matière première simplement tirée et en étoffes, et l'on a tissé la soie en Europe longtemps avant de connaître les vers à soie, de les élever et de tirer la soie de leurs cocons.

La soie a passé de l'Orient latin en Italie et de l'Italie en Provence. Quoiqu'elle fût fort rare dans les premiers temps, l'usage paraît s'en être promptement répandu. D'après la tradition, au viiie siècle, Berthe, fille d'un comte de Laon, qui fut la mère de Charlemagne, était une habile ouvrière en soie.

L'introduction du mûrier et celle des vers à soie en France sont moins anciennes ; elles remontent au plus au xiie siècle. Il est certain que les vers à soie étaient élevés au xiiie siècle dans la Provence et dans le Comtat Venaissin, apportés soit du royaume de Naples par les Provençaux qui y avaient suivi les princes de la maison d'Anjou soit d'Espagne par les Maures ou par des chrétiens émigrés. Au xive et au xve siècle, l'éducation des vers à soie, le tirage, le tordage et le tissage de la soie n'étaient plus des métiers obscurs, mais ils restèrent pendant assez longtemps, jusqu'à la fin du xve siècle, des arts domestiques, en grande partie réservés aux femmes. Ils n'étaient pas alors tous confinés dans le midi, et le tissage, par exemple, était exercé, au xiiie siècle, non seulement à Nîmes et à Marseille, mais aussi à Paris, à Lyon et à Rouen.

L'histoire de l'industrie de la soie en France commence pour nous à la fin du xve siècle. Elle devient très attachante au xvie siècle. François Ier, Henri II, Catherine de Médicis, mirent tout en œuvre, leur initiative personnelle, leur autorité, les influences actives de la cour de France, pour faire d'une manufacture plus qu'à demi italienne une manufacture nationale, car l'industrie de la soie est toute d'importation italienne. Nous ne l'avons apprise que par les leçons et les exemples d'Italiens et de Grecs.

Où François Ier, Henri II et les rois ses fils avaient été impuissants malgré leurs efforts, il devait être donné à Henri IV de réussir. Ce prince fut aussi résolu que ses prédécesseurs ; il fut plus persévérant et plus heureux qu'eux. S'il agit en cette occasion contre l'avis de Sully, il eut l'aide vigoureuse d'autres conseillers convaincus, et, comme l'écrivait un de ceux-ci, Barthélemy Laffémas, c'est « au contentement d'une infinité de gens de bien », que le roi développa, à cet endroit, dans le pays une énergie et suscita une telle ardeur à ce travail nouveau que le mouvement, d'abord fort lent, ne devait plus s'arrêter. La première moitié du xviie siècle a été marquée par l'extension de ces travaux dans les diverses provinces. On élevait alors le vers à soie dans le centre du royaume et jusque dans le nord-ouest ; il y eut même dans ces régions assez de décision ou assez d'illusions pour qu'on y ait élevé des filatures. Le tissage de la soie, florissant à Lyon, à Tours, à Nîmes et à Avignon, était encore exercé, quoique déjà amoindri, dans une vingtaine d'autres villes ; il était répandu dans la Picardie autant que dans le Languedoc. La révocation de l'édit de Nantes et surtout les malheurs qui assombrirent la fin du règne de Louis XIV ont amené par degrés cette force de concentration dont nous avons parlé précédemment.

A la suite d'expériences successives frappées souvent d'insuccès, la sériciculture s'est définitivement établie dans le midi ; la filature et le moulinage se sont rapprochés d'elle, et les grandes manufactures d'étoffes et de rubans de soie n'ont plus eu que deux uniques foyers, rapprochés l'un de l'autre, Lyon et Saint-Étienne.

Ainsi, au cours des quatre derniers siècles, l'industrie de la soie a eu, dans l'ensemble, plusieurs déplacements consécutifs. Sa constitution territoriale actuelle n'a pas été produite par des formations ou des groupements en quelque sorte fortuits. Elle a été déterminée par une suite d'événements politiques ou économiques dont l'influence, considérable dans le passé, n'est pas absolument éteinte. Il est singulier comme les traditions, ces liens invisibles avec le passé, influent sur les œuvres du présent.

Si Lyon est devenu le centre véritable de toute l'industrie de la soie, tout en n'ayant dans son enceinte qu'un outillage manufacturier limité, s'il est aujourd'hui le plus large marché de la soie dans le monde, s'il doit la supériorité de ses fabriques à une science de l'art de l'ornementation et à une habileté technique incomparables, toute cette force n'est pas issue des premiers emprunts faits à l'étranger et d'expédients artificiels. Elle a pris naissance à Lyon même, elle a grandi par la liberté et avec la liberté, par le travail et malgré toutes les concurrences.

L'industrie de la soie n'a à Lyon sa pleine représentation que parce qu'elle y a créé de toutes pièces et par sa propre initiative l'organisation bien réglée qui s'accordait le mieux avec le tempérament de la population, avec les exigences d'un labeur exceptionnel et l'incessante recherche du mieux et du nouveau. La dépense d'intelligence a toujours été aussi grande dans les œuvres du tissage que dans celles de la construction des métiers, des façons diverses, de la teinture, etc.

Il faut bien reconnaître que partout, dans les campagnes du midi, on rencontre les magnaneries, les filatures et les moulins, que dans les campagnes du nord-est on entend battre de nombreux métiers à tisser la soie associée à la laine ou au coton, que les montagnes du Forez retiennent toute une industrie spéciale plus vivace que jamais. Malgré cette dispersion, la ville de Lyon garde sa prépondérance. Son rôle s'est agrandi, son action s'est étendue. Elle maintient dans l'industrie une sorte d'unité ; elle doit en partie cette situation au marché de la soie qu'elle a ramené à elle et qu'elle a élargi, à ses hardiesses dans les entreprises du travail et à la part active, quoique inapparente, qu'elle a toujours prise dans les évolutions du goût et de la mode. Cela explique qu'il ne soit pas excessif de parler à propos de Lyon de toute l'industrie de la soie et de rapporter a Lyon l'honneur de la plupart des progrès.

III

Il y a quatre siècles, au commencement du xvie siècle, l'art de la soie en France était une chétive manufacture. Cette manufacture devait devenir une des premières de notre pays et une des premières du globe.

On en évalue les produits définitifs, nous voulons dire les

seuls produits du tissage, à 620 millions environ. L'outillage industriel (immeubles et matériel) représente un capital de 300 millions, et 520,000 personnes se partagent au moins 350 millions de salaires et de profits.

La production des tissus de soie étant de 620 millions, 500 millions sortent de ce territoire relativement étroit, enserré entre les Alpes, les Cévennes et leurs prolongements, qui est la région française de la soie. Cette région que la politique avait faite bourguignonne, même allemande au moins nominalement, a été longtemps séparée du reste du pays, ainsi que de la ville de Lyon qui fut pour un temps limitrophe du royaume de France et de l'empire germanique, et dont, sous quelque autorité qu'elle ait été placée, on sait quel fut le fier esprit et l'indépendance de son administration.

Il serait trop long de mettre en lumière l'action persévérante et vigoureuse que le peuple de Lyon a exercée dans la prise de possession de cette industrie italienne de la soie, dont la maîtrise appartint si longtemps aux plus fameuses des nations de l'Italie. On avait autrefois à Lyon même le sentiment des efforts accomplis, et les échevins avaient voulu, au xviie siècle, rappeler à tous dans l'hôtel de ville, par une inscription un peu subtile et obscure due à Scaliger, la double force tirée des grandeurs du passé et inspirée par l'esprit moderne le plus vif, à savoir que Lyon était un nouveau monde dans l'ancien et un ancien dans le nouveau.

Ce ne serait pas présenter une idée suffisante de l'étendue des entreprises auxquelles donne lieu la manufacture lyonnaise que de s'en tenir à exposer l'importance de celle-ci. Si grande soit-elle, elle l'est encore davantage par l'organisation parallèle qu'elle a exigée, qui en est le complément et qui lui est propre. Le commerce international de la soie y est étroitement lié.

On compte en tout de 12 à 13 millions de kilog. de soies de toutes sortes disponibles. Le commerce de Lyon en amène sur notre marché 6 millions de kilog. environ, et il reste 3,640,000 kilogrammes pour alimenter nos fabriques. La France consomme donc les 3/10es des soies offertes à la vente dans le monde entier. Il faut ajouter aux soies de 1,500,000 à 1,800,000 kilogr. de fils de déchets de soie.

En somme, le commerce de la soie porte en France sur une masse de matières, cocons et déchets, soies, fils de bourre de soie, d'une valeur de près de 400 millions de francs, au bas prix des dernières années. C'est à Lyon que ce commerce est définitivement établi; il a un rayonnement étendu à l'étranger. Il est vivement disputé et il devient d'autant plus difficile, sinon de l'élargir, du moins de le conserver tout entier et avec tout son essor, que ce commerce, fondé sur la pleine liberté de circulation, est menacé par ce courant d'idées et d'intérêts protectionnistes qu'on ne sait comment contenir.

Le marché de Lyon est favorisé par de larges ressources de crédit et par une habileté en matière de banque traditionnelle à Lyon. Il a tiré une partie de sa force de créations dues à des initiatives lyonnaises et parmi lesquelles nous citerons les services de navigation à vapeur, les magasins généraux, les établissements de conditionnement, de décreusage, de titrage, etc. Il a encore dans une certaine mesure le bénéfice de la liberté. Nos fabriques sont fondées à compter qu'elles pourront garder celle qui leur a été laissée. Le salut de notre industrie est à ce prix, et, à tous les degrés de l'échelle du travail, le sentiment est unanime en ce point.

IV

La production de la soie présente plusieurs divisions naturelles : la sériciculture ou production des cocons, la filature ou tirage de la soie des cocons, le moulinage, ouvraison ou tordage des fils de soie grège, la filature des déchets de soie.

Ces diverses manufactures paraissent être indépendantes de Lyon. Cette indépendance n'est qu'apparente. On trouve l'action, l'influence, la direction et les capitaux de Lyon dans toutes les branches de l'industrie.

La sériciculture est une industrie accessoire de l'agriculture; elle n'oblige qu'à un travail de quarante jours de durée. Elle est double, en ce sens que, parmi les éleveurs de vers à soie, les uns produisent des cocons dont on tirera la soie, les autres des graines dont on obtiendra des vers à soie. On a recensé de 140,000 à 150,000 sériciculteurs.

Ces sériciculteurs ont mis à l'éclosion 242,000 onces de graines et ont récolté 7,450,000 kilog. de cocons frais; c'est la moyenne des dernières années, et c'est à peu près le cinquième de la récolte en Italie.

Le grainage, fondé sur la sélection pastorienne, est digne d'attention; grâce à lui, on peut maintenir le personnel de nos races au degré de productivité qui permet d'en attendre le plus de profit. Nous obtenons chaque année au moins 930,000 onces de graines, et nous en exportons 710,000 onces.

On comptait, en 1893, 12,700 bassines en activité, d'où il est sorti 740,000 kilog. de soie grège tirée de cocons de récolte française et de cocons étrangers. Des perfectionnements ont été introduits dans l'outillage, et l'accroissement de la production a été continu depuis près de vingt ans.

Le moulinage a naturellement plus d'importance que la filature ; il a une plus grande facilité d'approvisionnement en soies de toute provenance. Il a été mis en état de pourvoir à la presque totalité des besoins de nos ateliers, et des usines françaises marchent aujourd'hui de pair avec les usines italiennes ou anglaises pour l'ouvraison des soies d'Asie.

La filature des déchets de soie est organisée comme l'est celle de la laine peignée ou du lin. Elle donne deux sortes de produits, qui diffèrent par le mode de préparation des déchets. On estime que cette industrie possède en France un matériel de 130,000 broches de filature et de retordage, et fournit de 1,200,000 à 1,500,000 kilog. de fils. Elle est dotée de procédés et d'un outillage intelligemment ordonnés, comme l'exige sa compétition constante avec les filatures anglaises et suisses.

Il est naturel que l'esprit soit le moins attiré par le spectacle des travaux qui s'accomplissent dans ces industries premières, tant dans celles de la production de la matière que dans celles des façons diverses qu'elle doit recevoir. Aussi nous en avons parlé brièvement, mais on voit partout des progrès saisissants. Au temps où nous vivons, en présence des rivalités intérieures et de celles des étrangers, il n'y a pas de travail, même le plus simple en apparence, dont il ne faille pas améliorer sans cesse les conditions. Il eût été peut-être utile d'apporter ici des exemples des expériences et des essais, plus d'une fois assez hardis, toujours onéreux, qu'on poursuit. A défaut d'un intérêt technique, cela eût offert un intérêt moral. On aurait vu que, même pour les tâches qu'on prétend les plus négligées, nombreux sont les chefs d'industrie résolus à s'associer à tout nouvel effort.

V

Nous voici arrivé à l'étude, étude sommaire bien entendu, du tissage de la soie, et nous nous arrêterons principalement à l'étude

de la grande industrie lyonnaise. Les autres fabriques sont
auprès d'elle comme dans l'ombre.

L'histoire de la fabrique de Lyon ne remonte, à dire vrai,
qu'au xve siècle. Elle est en réalité peu connue. Les documents
abondent, mais il faudrait les tirer de la poussière de nos archives ; il faudrait aussi les rapprocher de ces autres documents en
partie ignorés qui feraient mieux connaître l'esprit et le mode de
travail du temps et les ressorts d'un double gouvernement qui se
mouvait dans un milieu exceptionel. L'intérêt qui s'attache aux
documents originaux lyonnais est aussi vif pour ceux du xve siècle que pour ceux du xviiie. Par eux nous pénétrons dans un
monde nouveau, dans ce monde des métiers, du travail, des
échanges, qui est resté jusqu'à présent fermé aux historiens. Par
tant de délibérations consulaires, par tant de lettres de nos rois
et tant de leurs ordonnances, on arrive à connaître une politique économique qui a eu souvent d'heureuses initiatives, qui
était inspirée par l'intérêt lyonnais pris de haut et qui était poursuivie avec résolution.

Ce n'est pas le lieu de rappeler cette entreprise singulière
de Louis XI pour enlever l'art de la soie à l'Italie, entreprise
dont Lyon dut payer les frais et dont Tours eut le bénéfice,
et de décrire le régime, aussi libéral pour les habitants que
pour les marchandises, qui fit de Lyon une sorte de ville
franche, qui y introduisit la liberté du travail, et qui permit
d'y constituer un marché large, sûr et facile, de capitaux, de
métaux précieux et de produits, ouvert à tous. Il faudrait montrer aussi avec quelle hauteur de vues François Ier institua en
1536 à Lyon, avec des ouvriers italiens et avec un matériel également italien, cette « nouvelle magniffacture de vellours et
de draps de soye », qui est le véritable point de départ de la
longue suite d'entreprises auxquelles Lyon doit la fabrique qui
a fait sa gloire et tant de fois sa fortune. François Ier servait nos
intérêts et se vengeait en même temps des Génois, nos ennemis.
Il complétait cette œuvre, en 1540, en faisant de notre ville l'entrepôt des soies étrangères.

La fabrique lyonnaise, celle qu'on appelait *la Grande Fabrique* et qui a été comme l'école de tissage de l'Europe, n'a atteint,
malgré des obstacles sans nombre, à l'excellence dans l'art de
l'ornementation, dans la science de la tissure, dans le travail,
qu'au prix d'un dur labeur et d'efforts dont l'énergie, l'intelligence et la persévérance n'ont jamais faibli. On observe une

succession de transformations et d'inventions tant dans le cours de notre siècle qu'au temps de Claude Dangon au xviie siècle et de Philippe de la Salle au xviiie. Les instruments du travail ont été pour ainsi dire renouvelés depuis Vaucanson jusqu'à Prosper Meynier, et c'est à Lyon qu'ont été découverts ces principes d'action mécanique que Jacquard rendit féconds et qui devaient fournir au tissage des ressources inespérées.

Ce n'est pas seulement l'histoire des inventions qu'il faudrait écrire, c'est aussi celle des changements dans la fabrication elle-même, changements qui ont été la conséquence de l'état social nouveau, du plus grand esprit d'entreprise de notre commerce, de la révolution dans la façon de se vêtir, du nouveau caractère qu'ont pris le goût et l'esprit modernes. La soie a été plus souvent remplacée par le fil de bourre de soie, plus souvent et en plus grande proportion associée à la laine et au coton. La teinture, l'impression et l'apprêt ont reçu d'autres applications. Et tandis que Lyon, qui a toujours la maîtrise du *grand façonné*, produit en ce genre des étoffes qui témoignent d'une merveilleuse habileté, d'un sentiment élevé d'un art original et hardi et de l'intelligent emploi de tonalités nouvelles dans le coloris, il a recours d'autre part à tous les artifices et à d'ingénieuses économies pour abaisser le prix au niveau imposé par les exigences de la vente.

L'abaissement du prix et nécessairement de la qualité a été la condition du développement de la consommation des soieries, et ce développement n'est pas à son terme. Les fabricants n'ont jamais été mieux préparés à tirer parti des ressources que leur offrent et les soies différant de nature et d'ouvraison et les armures diversifiées et les mélanges de matières; ils savent répondre aux inventions fantaisistes de la mode, auxquelles ils ne sont pas souvent étrangers, en en donnant l'expression la plus séduisante et au meilleur marché.

A considérer la production des tissus de soie à Lyon et dans la région lyonnaise, on constate un décroissement : 404 millions de francs de 1874 à 1878, 381 millions de 1889 à 1893. Mais, dans les dernières années, le prix de la soie a baissé, et cette baisse a été très forte, de sorte qu'il faut reporter sur le coût de la matière une différence notable. En réalité les 381 millions de 1889 à 1893 représentent un métrage et un poids d'étoffes beaucoup plus grands que de 1874 à 1878, ce qui revient à dire que, à l'ancien prix de la soie, la production de la dernière période aurait été de 460 millions environ. 380 millions de produits d'une fabrication de cet ordre, cela correspond à 230 millions de salaires et de profits, et, si l'on fait le compte de tout le monde qui vit de ce travail, tant du tissage que des manipulations préparatoires ou complémentaires, on arrive sans peine à un total de 300,000 ouvriers et ouvrières.

L'organisation de la manufacture a été transformée. On n'est plus sous le régime de petits ateliers urbains, de tisseurs chefs d'atelier, propriétaires du métier et du petit outillage, à la fois entrepreneurs, ouvriers et presque artistes. Il n'y a plus à Lyon dans ces ateliers indépendants que 16,000 métiers, et il n'y a qu'une petite partie de ces métiers qui soient en activité. La nécessité de faire emploi d'une main-d'œuvre moins coûteuse, imposée par la concurrence des fabriques étrangères, a amené le déplacement de la plus grande partie du tissage. 50,000 à 55,000 métiers à la main sont disséminés à la campagne dans les départements voisins. Enfin 25,000 métiers mécaniques sont montés dans de grands établissements. Les usines sont aux mains d'industriels qui font exécuter le tissage, à façon sur 15,000 métiers et pour leur compte sur 10,000 métiers. Ces métiers figurent notre pouvoir producteur; à la ville et à la campagne, il y en a une partie, variable suivant les circonstances, qui ne battent pas. Ils représentent en tout un capital immobilisé de 65 millions, et il faut ajouter plus de 40 millions pour l'autre partie de l'outillage de la fabrique, c'est-à-dire pour les travaux accessoires, tels que la teinture, l'impression, les apprêts, etc.

Nous avons affirmé le caractère d'unité qu'a acquis, principalement dans notre région, cette industrie qui est conduite par 300 fabricants environ établis à Lyon et qui est en conséquence centralisée dans cette ville. Mais, par la dispersion des métiers à tisser, il s'est formé une nouvelle géographie de cette manufacture. Il serait facile de tracer les limites du territoire dans lequel le tissage a été cantonné et dans lequel s'est produite, dans les villes et dans les campagnes, une activité industrielle précédemment inconnue. Le cercle de ce territoire s'élargit, et c'est malheureusement au détriment des petits ateliers de Lyon et de cet admirable personnel de maîtres tisseurs dont on ne saurait oublier les mérites et les services.

Le groupe des fabriques lyonnaises absorbe à lui seul 2,000,000 à 2,100,000 kilog. de soies ouvrées, 800,000 à 900,000 kilog.

de soies grèges, 700,000 à 800,000 kilog. de fils de déchets de soie, 2,000,000 à 2,500,000 kilog. de fils de coton ou de laine.

Quelque concision que nous ayons apportée à l'énumération des forces productives de ces fabriques, ces chiffres suffisent, sans avoir besoin d'être commentés, à faire pénétrer dans l'esprit une idée nette de la puissance de notre industrie. Celle-ci ne brille plus sans doute de l'éclat qu'elle avait à l'époque où chez elle, plus étendue, plus florissante, plus renommée qu'aucune de ses rivales, et la mode ayant mis en faveur les étoffes brochées ou façonnées, toutes les nations venaient s'approvisionner avec le sentiment de la supériorité des œuvres du travail à Lyon. Nous avons conservé toutefois l'ancienne grandeur; nous y avons ajouté, car, à ne tenir compte que des dix dernières années, à ne prendre que les étoffes de soie proprement dites, la fabrication s'est élevée de 335 à 356 millions par an, et, dans le même temps, le prix de la soie s'est abaissé, la concurrence étrangère s'est accrue, les débouchés se sont resserrés. Nous avons le droit de dire que notre force est entière.

VI

On a tissé la soie en France, du midi au nord, dans plus de vingt-cinq villes. Plusieurs cités ont eu, par cette industrie, un passé glorieux, c'est Avignon, Nîmes et Tours.

Avignon et Nîmes ont eu, au xv⁺ siècle, une industrie de la soie présentant plus d'espérances de durée et de prospérité que celle de Lyon, dont les commencements restèrent longtemps obscurs. Il n'y avait à Lyon, en ces temps éloignés, qu'un ou deux maîtres et qu'un très petit nombre d'ouvriers, mais Lyon a eu, grâce au régime économique des foires, le rare avantage de la liberté et d'un large marché, et, par l'effet des exemptions et des franchises concédées par François I⁺ et confirmées par ses successeurs, par suite de l'impulsion imprimée par Turquet, ce bénéficiaire des lettres de François I⁺ dont nous avons parlé, la constitution se fit petit à petit, solidement, dans ce milieu favorable, du métier de tissage et des autres métiers qui devaient en devenir inséparables.

La fabrication était donc établie dans plusieurs villes de France avant de l'être à Lyon et à Tours. Plusieurs de ces anciennes manufactures ont disparu ; d'autres sont très diminuées

de nos jours, et les deux seules qui ont une vitalité singulière
et qui marchent parallèlement avec la fabrique lyonnaise sont
de fondation relativement récente.

Le mention de ces ateliers disséminés dans nos provinces,
l'énumération des tissus qui en sont sortis et qu'on connaît par
les règlements imposés aux ouvriers, n'auraient qu'un intérêt
historique. Nous ne citerons que les noms des principales villes :
Marseille, au xiiie siècle ; Rouen, du xiiie au xviie siècle ; Paris,
du xiiie au xviiie siècle ; Avignon, du xiiie siècle au temps présent ; Nîmes et Tours, du xve siècle au temps présent ; Amiens,
Lille, Mantes, Montpellier, Orléans, Toulouse, Troyes, le Dauphiné, etc., etc.

Dans la Picardie et la Flandre française, l'industrie a sa physionomie propre ; elle a ses inventions, ses types de tissu, ceux-ci
toujours différents de ceux de Lyon, presque toujours fondés sur
le mélange de la soie avec la laine ou le coton. Ces fabriques
sont très indépendantes, très vivement menées. Pour la Picardie et l'Artois, la petite ville de Bohain étant le centre de ce
mouvement manufacturier, c'est à Paris qu'il faut chercher la
direction : c'est là que sont les fabricants créateurs des dessins et
des armures de nouveauté, gouverneurs du travail et vendeurs.
Dans la Flandre française, à Roubaix particulièrement, l'organisation est des mieux conçues en vue de la grande production. Il
y a dans plusieurs spécialités une habileté technique incontestée,
et Lyon trouve à Roubaix de redoutables concurrents.

On estime la production de la Picardie à 18 millions de
francs et celle de la Flandre française à 29 millions.

VII

L'industrie de la rubanerie est aussi ancienne, peut-être
même plus ancienne que celle de la fabrication des étoffes de
soie. Elle était exercée autrefois à Paris, à Lyon et à Rouen ;
elle est concentrée depuis deux siècles et demi dans l'ancienne
province de Forez. Son organisation a des traits communs avec
celle de la manufacture lyonnaise, au moins en ce sens que la
plupart des métiers sont la propriété des ouvriers. Les changements dans la fabrication et la pression des rivalités étrangères
ont déterminé l'établissement d'usines et la réunion de nombreux métiers mus par des moteurs. On compte en tout 28,000

métiers : 23,000 appartiennent aux ouvriers et 5,000 aux fabricants. On fabrique les rubans et la passementerie sur les mêmes métiers. L'outillage dont on dispose permettrait de produire pour 150 millions, mais les trois quarts des métiers au plus battent dans les bonnes années. Le personnel de l'industrie stéphanoise est de 75,000 personnes, qui se partagent environ 50 millions de salaires et de profits, la fabrication totale étant de 100 millions en moyenne, et celle des seuls rubans de 88 millions :

Rubans de pure soie . . . . 50 millions.
Rubans de soie mélangée. . . . . . . 18 —
Rubans de velours de soie pure ou mélangée . . . . 20 —

Un peu plus du dixième des métiers sont des métiers mécaniques (3,200). Le nombre de ces métiers est plus grand dans plusieurs fabriques étrangères ; il n'y a pas lieu de s'en étonner. Nos rivaux étrangers s'attachent le plus à l'abondance de la production ; Saint-Étienne a toujours la supériorité pour les rubans de belle qualité, pour ceux dont la mode exige l'emploi, et le métier à la main est le mieux approprié à ce travail.

Les fabriques de tulles, de dentelles, de broderie, de passementerie, de bonneterie, etc., doivent être comprises également dans l'industrie dont nous nous occupons, quand ces tissus sont faits de soie, de *schappe* ou de *fantaisie*. Elles sont tout à fait spéciales à raison de la destination des produits et particulièrement du matériel et des procédés de la fabrication. On trouve ces manufactures dans une vingtaine de départements ; aucune d'elles n'est étrangère à la région caractérisée par l'éducation du ver à soie.

On voit entrer aujourd'hui dans la production lyonnaise proprement dite les tulles, les guipures et les dentelles pour 13 millions, les *dorures* et la passementerie de fils de métal pour 7 millions, la passementerie de soie pure ou mélangée pour 2 ou 3 millions. A dire vrai, les manufactures dont nous venons de parler ont à Lyon le moins d'importance. Il faut chercher ailleurs à saisir leur fonctionnement et leurs mouvements : à Calais, à Caudry et au Puy, pour les tulles et les dentelles ; à Saint-Étienne, à Saint-Chamond, à Paris, à Nîmes, pour la passementerie ; dans le Gard, l'Hérault et à Paris, pour la bonneterie. En somme, ce courant d'affaires a été en 1892 de plus de 130 millions.

VIII

Par ce que nous avons dit et quoique nous n'ayons présenté qu'un rapide aperçu de tant de mises en œuvre différentes de la soie, on aura pu juger de la somme de travail que cette matière procure à notre nation par son emploi. Nous n'avons parlé que des tissus, laissant de côté les quantités de matières tissées qui sont utilisées, en ce premier état, pour la couture, la broderie, les engins électriques, etc.

Nous n'avons pas la prétention de donner une estimation très rapprochée de la vérité ; on a beau multiplier les enquêtes, y procéder avec sincérité, contrôler par le témoignage des hommes les plus compétents les déclarations recueillies, l'incertitude subsiste toujours. Toutefois, à supposer même que nos évaluations doivent être un peu abaissées, il est de toute évidence que l'industrie de la soie, voire celle des seuls tissus de soie, est une des plus grandes industries de la France.

Voici comment elle est localisée :

Région lyonnaise	376 millions
Région forésienne	104
Roubaix et Tourcoing	28
Picardie	18
Calais et Caudry	68
Tours, Nîmes, le Puy	13
Paris	5
Midi et Champagne	8
Total	620 millions

Cette production peut être présentée sous une autre forme :

Étoffes de soie	410 millions
Rubans	85
Tulles et dentelles	85
Passementerie, lacets, tresses	32
Bonneterie	8

Les deux tiers de ces tissus sont exportés.

Ce chiffre de 620 millions est loin de faire juger de l'importance des capitaux, des entreprises et des travaux que cette industrie met en mouvement. Il ne représente ni le commerce de la soie, qui est indépendant et qui alimente en partie des fabriques etrangères, ni l'emploi de toute la soie absorbée par notre pays, ni toutes les manufactures auxiliaires, ni tous les métiers à peu près ignorés qui échappent aux enquêtes.

IX

Il n'était pas possible de présenter dans une note les faits si divers que comporte un exposé de l'état de l'industrie de la soie en France. L'aperçu que nous avons tracé a été nécessairement incomplet.

Quiconque vient à Lyon a l'espoir d'être témoin des mouvements de ce commerce de soies et de cette production de soieries qu'on regarde comme concentrés dans cette ville et qu'on connaît en général assez mal.

Tout le monde a su que Lyon a été le foyer d'une industrie considérable devenue célèbre par l'excellence dans le travail et par un génie particulier à notre peuple. Il ne faut pas s'étonner que, à la suite de tant de crises, et par l'effet de rivalités ardentes et bruyantes, on ne soit plus aussi assuré, dans le grand public, de la solidité de nos fabriques et de leur supériorité.

On n'est que trop enclin, en notre pays, dans les temps troublés, à douter de notre force et à être inquiet de l'avenir. Ce n'est pas à Lyon qu'on a une telle incertitude. Les énergies individuelles y ont toujours eu raison de l'impression qu'on peut ressentir de ralentissements accidentels du travail, et, au lendemain de désastres, Lyon a repris toujours le cours de ses prospérités. La manufacture lyonnaise a grandi par la liberté, elle a été servie partout par le libre commerce, elle a été au-devant de toutes les concurrences, elle n'en a jamais redouté et n'en redoute aucune. Elle est certainement menacée dans son action, dans ses développements, par la politique économique nouvelle, dont les envahissements paraissent près de leur terme, mais dont l'application offre encore tant d'inconnu. C'est pourquoi il est naturel qu'un vif intérêt s'attache à l'observation sur place de la constitution d'une industrie qui n'a pas cessé d'être en progrès, fermement assise et puissante, malgré tant d'affirmations contraires.

Elle est une et elle est cependant très diverse. Elle a son centre à Lyon, elle a des ramifications nombreuses et lointaines. Partout en France où la soie est tissée sur un métier, des liens sont établis avec Lyon : Lyon a découvert et a enseigné les meilleures utilisations de la soie et n'est ni le moins habile ni le moins empressé à la marier à tous les filaments. Pour ce qui est des procédés, on ne saurait oublier qu'à Lyon ont été imaginées les conceptions les plus ingénieuses de l'art du tissage de la soie ; la mécanique Jacquard, cet engin universel, est une œuvre lyonnaise quant au principe, au perfectionnement et à la forme dernière.

Dans des assises tenues à Lyon, tout ce qui touche à cette ville et au faisceau de forces productives au regard de la soie qui y a été formé s'impose à l'attention. L'étude en est fort complexe. Il y aura cependant de la part de ceux qui visiteront cette ville d'autant plus le désir de faire cette étude qu'ils seront surpris de ne pas voir au dehors le fonctionnement intense d'un organisme qui a tant de ressorts ; nulle part l'agitation du mouvement des transports, la fièvre des transactions, le bruit d'ouvriers, de machines et de métiers.

Nous avons dit les conditions générales de l'industrie depuis ses origines et au cours de ses transformations. Nous avons essayé d'imprimer dans l'esprit le sentiment d'une diversité et d'une grandeur insuffisamment connues, et nous aurions voulu mieux marquer les rares qualités d'une population qu'aucun effort n'arrête.

On n'aura trouvé dans la note précédente que quelques-uns des traits d'une étude dans laquelle les singularités abondent. Nous avons renoncé à tracer le tableau des périodes où la fabrique a brillé du plus vif éclat et de celles où elle a résisté à de cruelles épreuves. C'eût été cependant fournir d'instructives leçons. Nous avons écarté l'attachante histoire de la possession de l'art italien de la soie par les enfants adoptifs de l'Aumône générale de Lyon, qui furent les premiers apprentis des compagnons génois de Turquet ; nous n'avons pas montré l'enchaînement de tant d'inventions dues à toutes sortes d'ouvriers de la tâche commune, depuis d'entreprenants marchands-fabricants jusqu'à de modestes dessinateurs et tisseurs. Nous n'avons fait que fournir l'évaluation d'une production sans cesse en renouvellement.

La soie est une matière rare et de haut prix. Son commerce et sa mise en œuvre représentent une circulation considérable de capitaux, et l'on aurait pu croire à la prédominance du pouvoir du capital. Ce pouvoir a été cependant le moindre. De même aussi l'importance de l'usine, de l'outillage, celle de l'organisation commerciale, ont été accessoires. La valeur de l'homme a tout fait. Le peuple lyonnais, par son propre effort, a abordé toutes les tâches, les a élevées toutes; il a fait par ses inventions et son habileté, par son art et son goût, la supériorité de la fabrique. Il a maintenu cette supériorité, mais notre exemple a été un enseignement pour les étrangers. Ceux-ci sont devenus nos rivaux; le nombre et la force de ces rivaux augmentent. De fortes poussées se produisent de toutes parts. Notre production est de près de six cent vingt millions; celle des étrangers dépasse onze cent millions. On peut juger du danger. Si énorme que soit cette concurrence, elle n'a fait que développer, nous ne saurions trop le redire, les initiatives et les énergies de notre peuple; si grande que soit notre production, elle s'accroîtra encore si la politique française ouvre à notre industrie de plus larges débouchés au dehors.

Natalis RONDOT.

L'INDUSTRIE DE LA SOIE

Soies. — L'importance du commerce des soies à Lyon peut être évaluée d'après la valeur des importations et des exportations françaises de matières soyeuses, car la plus grande partie de ces matières passe à Lyon. Au chiffre de la douane il convient d'ajouter la valeur de la production séricicole française pour laquelle la même remarque doit être faite.

On arrive ainsi à un chiffre d'environ 3oo millions de francs (aux cours des soies antérieurs aux mouvements de hausse de 1892-1893).

Sur ces 3oo millions, la moitié environ est exportée.

L'importance croissante du marché international des soies est mise en relief par les chiffres suivants concernant les importations et les exportations de soies et le mouvement de la Condition des soies de Lyon.

ANNÉES	IMPORTATIONS		EXPORTATIONS	
	Soies grèges kil.	Soies moulinées kil.	Soies grèges kil.	Soies moulinées kil.
1827-1836.	248.000	381.000	5.000	3.000
1847-1856.	1.095.000	8o5.000	67.090	112.000
1867-1876.	3.198.000	1.235.000	1.119.000	89.000
1887 . .	4.751.000	775.000	1.743.000	3o2.000
1892 . .	5.900.000	140.000	2.747.000	239.000

Mouvement de la Condition des Soies de Lyon.

1809-1818. . .	moyenne annuelle	392.15o kilogr.	
1829-1838. . .	—	649.209	—
1849-1858. . .	—	2.498.534	—
1869-1878. . .	—	3.75o.787	—
1892	année	5.974.974	—
1893	—	5.878.443	—

SOIERIES. — Les statistiques faites annuellement à Lyon depuis quelques années en ce qui concerne la fabrication des soieries portent sur la valeur des tissus produits par la fabrique. Or, comme la valeur de ces tissus dépend étroitement des prix de la soie et que celle-ci a considérablement baissé jusqu'en 1891, la comparaison des valeurs de la production lyonnaise ne saurait donner une idée exacte de la situation de la fabrique de soieries. En effet, d'une part, la soie qui valait en 1868, 130 à 150 fr. le kilog., ne valait que 50 à 60 fr. 1891-1892 ; d'autre part, les tissus mélangés de coton de laine, etc., qui, en 1868, ne représentaient qu'une faible fraction de la production, arrivent pendant ces dernières années à compter pour les deux cinquièmes dans la totalité de la production.

Sous ces réserves, voici la valeur de la production de la fabrique lyonnaise des tissus de soie pure ou mélangée.

Production de la fabrique de Lyon.

ANNÉES			VALEURS
1868-1869	. .	moyenne annuelle	395 millions de fr.
1871-1875	. .	—	451 —
1876-1880	. .	—	364 —
1881-1886	. .	—	365 —
1886-1890	. .	—	385 —
1891	. . . .	—	358 —
1892	. . . .	—	
1893	. . . .	—	

La comparaison des quantités produites serait plus probante que la comparaison des valeurs ; si cette comparaison ne peut être faite exactement en ce qui concerne la production lyonnaise, on peut la faire pour les exportations françaises de soieries, exportations dans lesquelles Lyon a la part principale.

Voici donc, d'après les tableaux de la douane, les quantités exportées :

Tissus, rubans, passementeries de soie pure et mélangée.

ANNÉES			QUANTITÉS
1827-1836	. . .	moyenne annuelle	1.050.000 kilog.
1847-1857	. . .	—	2.031.000 —
1867-1876	. . .	—	3.697.000 —
1891	. . . . .	année	4.312.000 —

La progression des quantités exportées indique clairement l'augmentation de la production.

Teintures, Apprêts, Impressions. — Le développement des industries de préparation et de finissage a été corrélatif à celui de la production. On peut même dire que c'est aux progrès considérables des industries de finissage, comme la teinture en pièces, l'apprêt et l'impression, que la fabrique de tissus mélangés doit sa rapide expansion.

Ces industries occupent environ 12.000 ouvriers et ouvrières. Leur matériel vaut de 40 à 42 millions de francs.

Renseignements tirés du *Compte rendu des Chambres syndicales lyonnaises* pour l'exercice 1892-93.

LES

INDUSTRIES DE SAINT-ÉTIENNE

Les principales industries de Saint-Etienne sont la rubanerie et la soierie, la métallurgie, l'armurerie, la quincaillerie ; enfin les houillères et la verrerie, qui appartiennent non seulement à la ville ou à sa banlieue, mais encore à tout le bassin du Gier.

Rubanerie. — L'industrie rubanière est la plus importante de la région de Saint-Etienne. C'est une dès branches de l'industrie de la soierie, et c'est de Lyon qu'elle s'y est propagée. Dès le commencement du xviie siècle on tissait des rubans à Saint-Chamond, à Saint-Didier-la-Séauve, près de la Loire, et à Saint-Etienne. Mais les règlements restrictifs adoptés par les corporations ouvrières de Saint-Chamond et de Saint-Didier furent cause que cette industrie se développa de plus en plus à Saint-Etienne, pour s'y fixer définitivement de nos jours.

Les premières traces de l'industrie rubanière dans cette ville remontent à 1605 ; à cette date, les ouvriers rubaniers organisèrent une confrérie dans le but de venir en aide à ceux d'entre eux qui seraient dans le besoin.

Saint-Chamond avait d'abord été un grand centre de moulinage. Vers le milieu du xvie siècle un Bolonais nommé Gayotti y importa le moulin créé par Borghesano au xiiie siècle, et qui avait jusqu'alors donné la suprématie à l'Italie pour l'industrie de la soie. Gayotti fut brûlé en effigie à Bologne et anobli en France par François Ier.

Cette industrie du moulinage fit des progrès rapides à Saint-

Chamond. On y compta bientôt plusieurs centaines de moulinages établis sur le Gier, le Dorlay, et autres cours d'eau de la région.

Vers 1684, un autre Bolonais, du nom de Pierre Benay, fonda à Virieux, près de Pélussin, un grand atelier de moulinage. Benay fut aussi pendu en effigie à Bologne et reçut des lettres de noblesse de Louis XIV.

Saint-Chamond conserva longtemps la situation qu'elle avait acquise en France au point de vue du moulinage. Néanmoins, à partir de 1670, cette industrie se répandit dans le midi de la France. Pierre Benay en établit lui-même à Aubenas et à Privas. A partir de 1720, l'industrie du moulinage délaissa la Loire pour s'installer dans le midi, surtout dans les environs d'Avignon.

En ce qui concerne l'industrie de la rubanerie, Lyon était resté jusqu'au milieu du xviie siècle le centre de cette fabrication. Ce fut à partir de cette époque qu'elle s'installa dans la région de Saint-Etienne.

Dans un mémoire daté de 1698, présenté par M. d'Herbigny, intendant de la généralité de Lyon, il est dit que le nombre des métiers de rubans qui, au commencement du siècle, était de 18.000 environ à Lyon, n'était plus alors que de 4.000.

Quoi qu'il en soit, l'industrie soyeuse avait grandi et prospéré en France, lorsqu'en 1685 la révocation de l'édit de Nantes lui porta un coup funeste. De nombreux ouvriers quittèrent Lyon et portèrent leur industrie à Bâle, Crefeld, Spitalfield. La religion réformée ayant fait peu de prosélytes dans la Loire, Saint-Chamond et Saint-Etienne souffrirent moins que Lyon de cette mesure regrettable.

Les fabricants de rubans installés à Saint-Chamond et à Saint-Etienne employaient en 1698, d'après M. d'Herbigny, 192.000 livres ou 1.200 balles de soie indigène jugée impropre à la fabrication des étoffes. Ils utilisaient en outre environ 400 balles de soies d'Italie. A cette époque, la soie étrangère n'entrait donc que pour un quart dans la fabrication des rubans, tandis qu'elle y entre actuellement dans la proportion de 90 à 95 %.

Les métiers que l'on utilisait pour la fabrication des rubans étaient des métiers à une pièce de basse et haute lisse. En 1760, M. Dugas, de Saint-Chamond, importa de Bâle un métier à la mécanique dit à la *Zurichoise*, produisant plusieurs pièces à la fois. Cette initiative eut une importance exceptionnelle pour l'industrie rubanière. Vers la même époque, un autre fabricant de Saint-Chamond, M. Flachat, importa de Suisse des métiers à la barre et amena avec lui des ouvriers pour les faire mouvoir. En 1769, le gouvernement accorda une prime de 72 francs par chaque métier à la Zurichoise qui serait importé. Cette mesure intelligente donna un rapide essor à cette importation.

MM. Thiollière et Salichon furent les premiers qui établirent des métiers à la Zurichoise à Saint-Etienne.

Ce fut M. Thiollière-Duchamp qui apporta à Saint-Etienne, en 1793, le métier de velours double pièce qui a pris une si grande importance dans notre fabrique. M. Thiollière-Duchamp installa ce métier dans sa propriété du Vernay et prit pour associé son neveu, M. Jean-Baptiste David, très jeune alors, et qui fut ensuite son successeur. Le métier de velours double pièce n'est pas d'importation allemande, comme cela a été dit, mais fut inventé par un Lyonnais, tué en 1793, pendant le siège de Lyon. Ce métier n'a été introduit en Allemagne, venant de Saint-Etienne, que longtemps après.

Il n'est pas indifférent d'indiquer les données statistiques établies en 1786 et en 1805 sur le nombre des métiers existant à Saint-Etienne et à Saint-Chamond :

ANNÉES	NOMBRE DE MÉTIERS				
	basse lisse	haute lisse	Zurichoise	Velours	TOTAL
1786	13.000	650	1.600	»	15.250
1805	10.500	650	2.600	100	13.850

La valeur des produits fabriqués était évaluée à 17 millions de francs en 1786, dont 9 millions pour la consommation intérieure et 8 millions pour l'exportation.

En 1805, la production était tombée à 7 millions, dont les deux tiers étaient consommés en France.

L'industrie rubanière s'était rapidement développée après les guerres du commencement de ce siècle et était en pleine prospérité en 1833. Suivant les estimations de l'époque, la production des rubans, pendant cette année-là, a été d'environ 50 millions, dont 40 millions pour Saint-Etienne et 10 millions pour Saint-Chamond.

Il y avait alors 144 fabricants de rubans à Saint-Etienne et 20 à Saint-Chamond.

C'est en 1833 que les droits furent supprimés sur la soie étrangère. Les droits sur les grèges étaient à cette époque de 1 fr. 10 par kilogramme et de 2 fr. 20 sur les soies ouvrées. Ces droits furent abaissés à un simple droit de statistique de 0 fr. 05 et 0 fr. 10 par kilogramme. La prohibition qui existait pour la sortie des soies indigènes fut levée et remplacée par un droit de 2 fr. 20 sur les soies grèges.

Ce ne fut en réalité qu'à partir de 1860 que les droits furent entièrement supprimés.

En 1833, les Etats-Unis achetaient le quart de la production rubanière. La consommation française prenait un autre quart, et le reste était vendu sur les marchés anglais, allemands, russes et autres. L'exportation représentait, comme aujourd'hui, les trois quarts de la production. Beaucoup de rubans se vendaient à la foire de Leipzig pour l'Allemagne et la Russie. La foire de Beaucaire avait aussi en France une très grande importance.

Les anciens fabricants se souviennent encore des nombreux acheteurs anglais, russes, allemands qui fréquentaient Saint-Etienne et étaient pour eux non seulement des clients fidèles, mais des amis dévoués.

C'est qu'à cette époque Saint-Etienne et Saint-Chamond étaient les seules fabriques de rubans au monde produisant des articles nouveaux et ayant une importance réelle.

Bâle ne produisait que des articles unis et pour un chiffre inférieur à 10 millions de francs.

Coventry avait une importance plus grande qu'aujourd'hui, mais ne produisait aussi que certains articles spéciaux et unis.

Les autres fabriques ne comptaient pas.

Depuis 1833, les choses ont bien changé.

La fabrication du ruban a complètement abandonné Saint-Chamond et s'est exclusivement concentrée à Saint-Etienne.

Bâle, à partir surtout de 1851, a considérablement développé sa production.

Si nous rappelons cette année 1851, c'est afin de démontrer une fois de plus que l'industrie rubanière ne prospérera que si elle peut se mouvoir en toute liberté.

A la suite de mesures regrettables prises par la fabrique de

Saint-Etienne, vers le commencement de 1851, les acheteurs parisiens se décidèrent à porter à Bâle leurs ordres et aussi leurs idées. Le résultat en fut malheureux.

Les importations de rubans étrangers qui étaient

	en	1848	1849	1850
	de	1.700.000	2.385.000	3.088.000

s'élevèrent rapidement et furent

en	1851	1852	1853	1854	1855	1856
de	4.269.000	7.819.000	10.738.000	10.304.000	10.810.000	10.134.000

Les choses reprirent plus tard leur cours régulier, dès qu'il ne fut plus question de réglementation. Les importations de rubans étrangers diminuèrent peu à peu, pour descendre de nos jours à 4 ou 500.000 francs (à 437.835 en 1889).

Malheureusement, à ce même moment, et pour les mêmes raisons, les acheteurs américains et anglais, qui ne faisaient pas jusqu'alors de grandes affaires à Bâle, en prirent le chemin. De plus, favorisés par la mode qui délaissait les rubans façonnés pour se porter sur les rubans unis, les industriels de Bâle, surchargés de commandes, agrandirent leurs anciennes usines et en construisirent de nouvelles.

L'absence de droit sur les filés de coton et les schappes favorisa ce développement de production, qui, de 10 millions, est arrivé à dépasser 60 millions.

Pour les mêmes motifs, la fabrication du velours a pris à Crefeld un développement énorme, simultanément avec celle des rubans, passementeries, galons de tous genres.

La fabrique de Moscou, protégée par des droits prohibitifs, a pu s'organiser aussi et créer d'importantes usines.

Néanmoins, le coup le plus sensible porté à l'industrie stéphanoise est parti des Etats-Unis. A la suite de la guerre de sécession et à l'abri de droits exagérés, de nombreuses usines se sont installées à Patterson et suffisent à peu près aujourd'hui à la consommation américaine.

Les Etats-Unis, qui, depuis 1830, étaient le grand et principal client de la fabrique de Saint-Etienne, qui lui prenaient le tiers de sa production, ne lui demandent à présent que des articles spéciaux. Du chiffre annuel de 30 millions, qui était celui de 1860, les exportations de rubans de tous genres, de fabrication stéphanoise, se sont réduites jusqu'à 2.500.000 fr. en 1884. Elles se sont quelque peu relevées et atteignent 11.892.120 fr. 30 en 1890 ; mais le ruban proprement dit ne figure dans ce chiffre que pour 3.354.128 fr. 35 ; le reste se compose, pour une somme de 8.537.998, de rubans velours réclamés par la mode.

Malgré cette concurrence fâcheuse, malgré les droits de douane qu'on lui oppose, la production de Saint-Etienne a continuellement progressé. Elle était de 50 millions de francs en 1833, elle a été de 103 millions en 1889.

Et, cependant, le prix des soies était bien moindre en 1889 qu'en 1833. De plus, les filés de coton, qui n'étaient pas utilisés en 1833, entrent aujourd'hui pour 8 à 9 millions de francs dans la composition des tissus de la fabrique stéphanoise, et cela malgré les droits qui en élèvent les prix.

De même, et malgré ces mêmes droits, les fils de bourre de soie jouent aussi un rôle important et entrent pour 4 à 5 millions dans les rubans de Saint-Etienne.

On peut donc affirmer, en toute sincérité, que, si le chiffre des affaires a seulement doublé, la production, comme longueur des tissus, a plus que triplé ; on pourrait dire quadruplé.

La fabrication du ruban exige surtout des soies de Chine et du Japon. Saint-Etienne se passerait facilement des soies d'origine française, mais non des soies étrangères.

L'organisation de la fabrique de la rubanerie est assez intéressante à signaler. Elle a conservé le caractère d'industrie familiale, et cela précisément à cause de son genre de production.

Le ruban change tous les jours. Tantôt la mode veut des façonnés, tantôt des unis ; tantôt des noirs, tantôt des couleurs ; tantôt des larges, tantôt des étroits. L'usine, surtout pour le ruban façonné, convient peu. Les premières tentatives faites en ce sens ont causé de nombreux déboires à leurs auteurs.

Les passementiers possédant chez eux en moyenne deux à trois métiers apportent immédiatement à leur outillage les changements que la mode réclame. Ces changements seraient bien plus longs, plus difficiles à faire dans de grandes usines.

Le passementier a un véritable attachement pour son métier, qui est sa propriété. Il est réellement intéressant de voir les soins qu'il lui donne et la propreté qui règne dans tous ces petits ateliers, où le père travaille à côté de sa femme et de ses enfants. On estime à 17.000 ou 18.000 le nombre des métiers appartenant aux passementiers.

Les fabricants ont, de leur côté, organisé d'importantes

fabriques. D'après une évaluation toute récente, on trouve que les métiers appartenant aux fabricants et destinés à la production des rubans de toutes sortes, mais surtout des rubans unis, des rubans velours et des tissus élastiques, sont au nombre de 5.000.

La valeur d'un métier est en moyenne de 1.500 fr. Quelques-uns valent de 3 à 5.000 fr. Les 17.000 ou 18.000 métiers appartenant aux ouvriers ont donc une valeur d'environ 27 millions. Les 5.000 métiers appartenant aux fabricants ont une valeur de 7.500.000 fr., à laquelle il faut ajouter 1.000 fr. par métier pour l'installation de l'usine et son outillage. Ceci représente une valeur de 13 millions tout au moins. L'outillage de la fabrique de Saint-Etienne représente donc une valeur totale de 39 à 40 millions. Cet énorme outillage est d'autant plus intéressant, que les deux tiers sont le fruit du travail et des économies de l'ouvrier.

Les métiers de haute lisse, au nombre de 1.200, au commencement de ce siècle, ont totalement disparu. Il reste encore, dans la partie montagneuse qui avoisine Firminy, environ 400 métiers de basse lisse. Ces métiers à une pièce sont encore occupés à la fabrication de rubans de velours, de rubans larges ou de galons épinglés pour voitures.

Ainsi que nous l'avons vu précédemment, il existait, en 1833, tant à Saint-Etienne qu'à Saint-Chamond, 164 fabricants ; il n'existe plus, aujourd'hui, que 140 fabricants de rubans de toutes sortes et ces fabricants produisent quatre fois plus de marchandises que leurs prédécesseurs plus nombreux.

C'est que cette industrie s'est modifiée et que le fabricant, pour la maintenir, a été obligé de produire davantage, mais avec des bénéfices bien moindres.

Certainement, le véritable talent artistique des fabricants de rubans, leurs inventions sans cesse renouvelées, la beauté de leurs tissus donnent à la fabrique de Saint-Etienne une supériorité incontestable. La situation n'est cependant plus la même qu'autrefois, alors que chacun pouvait profiter de son invention et en tirer profit. Aujourd'hui, dès qu'un article nouveau paraît, il est connu et imité par toutes les fabriques concurrentes. Il en résulte que, pour les articles façonnés et nouveaux eux-mêmes, le fabricant est obligé de se contenter de bénéfices excessivement réduits.

Si les bénéfices des fabricants ne sont plus ce qu'ils étaient autrefois, le passementier, de son côté, n'obtient plus les mêmes façons. Une partie importante de Saint-Etienne a été bâtie par les anciens passementiers de 1833 ; ils sont rares, aujourd'hui, ceux qui peuvent placer leurs métiers dans une maison leur appartenant, et cependant sur 23.000 métiers, 18.000 sont la propriété des passementiers.

Soierie. — En 1833, il ne se fabriquait pas d'étoffes à Saint-Étienne.

Depuis lors, quelques négociants stéphanois ont organisé, à côté de leur fabrication de rubans, une production importante d'étoffes.

L'usine de Chantegrillet (200 métiers) produit des étoffes de velours de schappe, dont la fabrication avait été en quelque sorte, jusqu'alors, le monopole de la fabrique de Crefeld.

En 1869 s'est installée à Saint-Paul-en-Cornillon une immense usine de 340 métiers. Elle occupe environ 460 femmes, tant pour la fabrication des tissus que pour le dévidage des soies.

Plusieurs autres fabricants produisent aussi des étoffes avec des métiers installés dans leurs fabriques de Saint-Etienne, ou bien encore occupent des métiers situés dans la région lyonnaise.

Plusieurs fabricants lyonnais possèdent d'importantes usines dans le canton de Bourg-Argental (Loire). Quelques autres occupent de nombreux métiers appartenant à des passementiers qui habitent la partie montagneuse située à l'Est du département de la Loire, principalement dans les cantons de Saint-Galmier Feurs, Néronde, Saint-Symphorien-de-Lay, Perreux, Belmont.

Tissus de caoutchouc.— Cette industrie existait déjà en 1833 à Saint-Etienne et à Saint-Chamond, mais sa production ne dépassait pas alors le chiffre de 300.000 francs.

Elle s'est développée depuis lors. Elle a produit en 1889 des tissus pour un chiffre qui a dépassé 2.500.000 francs.

Cette industrie occupe 1.100 ouvriers. Les métiers, au nombre de 400 environ, sont installés dans des usines appartenant aux fabricants.

La fabrication des tissus élastiques se serait probablement dé-veloppée davantage, si les matières premières qui entrent dans cette fabrication n'étaient frappées de droits exagérés, et si, par une erreur de tarification, les tissus étrangers ne pouvaient entrer en France avec des charges moindres que celles qui pèsent sur les matières premières.

Teinturerie. — A côté de l'industrie soyeuse se trouvent des industries annexes qui ont une réelle importance, par exemple, la *fabrication des métiers* et de *l'outillage*, l'industrie du *cylindrage, apprêtage, moirage* et la *teinturerie* sur laquelle il est intéressant de s'arrêter.

Il existait, en 1833, 40 teinturiers, tant à Saint-Etienne qu'à Saint-Chamond. On estimait leur outillage à 1.250.000 francs et leur personnel était de 4 à 500 ouvriers.

Cette industrie ne pouvait que grandir, non pas seulement à cause des fabriques de Saint-Etienne et de Saint-Chamond, qui emploient la soie et le coton, mais aussi à cause de la qualité de nos eaux, qui sont chimiquement pures et admirables pour le décreusage de la soie.

Les teinturiers ne sont plus qu'au nombre de 33 à Saint-Etienne et à Saint-Chamond, mais des ateliers considérables ont été organisés et le personnel est aujourd'hui d'environ 3.500 ouvriers. On peut estimer la valeur de l'outillage à plus de 15 millions de francs.

Ces établissements s'occupent de la teinture de la soie, du coton et de la laine et travaillent non seulement pour Saint-Etienne et Saint-Chamond, mais aussi pour Lyon, pour d'autres villes de France et pour l'étranger.

Les teintureries de Saint-Etienne s'occupent surtout des couleurs; celles de Saint-Chamond s'occupent tout particulièrement des noirs chargés.

Depuis 1833, de grands changements sont survenus dans la teinture par suite de la découverte des couleurs à l'aniline. Les teinturiers qui s'occupent des *couleurs* prétendent que leur industrie est dans une mauvaise situation.

Les teinturiers en *noir*, au contraire, augmentent sans cesse leur outillage et développent de plus en plus le chiffre de leurs affaires.

Houillères. — L'industrie houillère doit revendiquer le premier rang parmi les industries de la Loire. C'est en effet à cause du charbon que d'autres industries, telles que la métallurgie, la quincaillerie, la verrerie, l'armurerie, ont pu venir s'installer et prospérer dans notre région.

On pourrait même ajouter que c'est grâce au charbon que l'industrie rubanière a pris un grand développement à Saint-Etienne. En effet, tandis que les hommes trouvaient à s'occuper dans les mines et dans les usines, les femmes, de leur côté, pouvaient travailler à l'industrie de la soie.

L'exploitation de la houille est fort ancienne dans le département de la Loire.

Il se trouve dans les Archives de Roche-la-Molière un acte fait à la date du 18 février 1321. C'est sans doute la pièce la plus ancienne que l'on connaisse.

Il s'agit d'une transaction passée entre Giraud Le Vieux, qui avait une censive dans l'étendue de la terre de Roche, et Briand de Lavieu, seigneur de Roche. Il est stipulé que ledit Lavieu avait le droit de faire ouvrir des carrières de charbon dans toute la terre que Martin Chagnon tenait de Giraud.

On trouve aussi des traces de l'exploitation du charbon à Rive-de-Gier vers le commencement du xve siècle.

Mais c'est dans notre siècle que l'extraction du charbon a pris l'importance qu'elle possède aujourd'hui. Toutefois le bassin de Rive-de-Gier produisit d'abord plus de charbon que celui de Saint-Etienne et Saint-Chamond.

En 1843, il existait dans le bassin houiller de la Loire 60 concessions. 22 de ces concessions étaient fractionnées en plusieurs tronçons, ce qui portait en réalité à 105 le nombre des exploitations. Toutes ces petites exploitations se nuisaient les unes aux autres, s'inondaient mutuellement, et des difficultés sans nombre surgissaient entre elles. Les Sociétés de la région de Rive-de-Gier se préoccupèrent les premières de cette situation fâcheuse et dès 1837 cherchèrent à s'entendre. En 1844, toutes ces Sociétés fusionnèrent, s'annexèrent de nombreuses concessions appartenant au bassin de Saint-Etienne et prirent la dénomination de Compagnie des Mines de la Loire.

A la même époque, une nouvelle société, englobant les autres concessions du bassin houiller de Saint-Etienne, se forma sous le nom de Société des Mines réunies de Saint-Etienne. Ces deux sociétés se firent au début une concurrence ruineuse. Puis elles finirent par s'entendre et se fusionnèrent le 7 novembre 1845. Ce monopole inquiéta vivement les industriels de la région. Le prix des charbons avait augmenté et l'on craignait de nouvelles exagérations.

Tous les corps constitués de la région protestèrent ; les

ouvriers mineurs se mirent en grève, en 1846, en 1849 et en 1852.

En 1854 la plupart des concessions du bassin houiller de la Loire furent réparties entre quatre sociétés anonymes.

De 1854 à 1890 les bassins houillers de la région de Saint-Etienne ont produit :

Firminy et Roche-la-Molière. . .	16.485.951	tonnes
Saint-Etienne	74.483.856	—
Rive-de-Gier.	21.293.803	—
Total. . . .	112.264.610	tonnes

On a dit et répété que la richesse houillère de la Loire était à la veille d'être épuisée. Il n'en est rien, car, indépendamment des richesses certaines, reconnues, dont le stock est encore considérable, il y a les richesses inconnues. On descendra de plus en plus bas. On exploitera les couches jugées aujourd'hui trop pauvres, et ce n'est pas en un siècle qu'on épuisera toutes ces réserves.

Métallurgie. — L'industrie métallurgique est de date toute récente dans la Loire. Cette industrie ne s'était, du reste, pas développée bien sérieusement en France. Au commencement de ce siècle, sa production était tellement au dessous des besoins de la consommation que, pendant les guerres de l'Empire, on en était arrivé à payer en France jusqu'à 12 francs une livre d'acier, qui se vendait en Angleterre 1 fr. 25.

Sous la Restauration, le prix de l'acier dans le département de la Loire était encore de 3 fr. 50 à 4 francs le kilog., alors que des aciers de qualité équivalente se vendent aujourd'hui de 0 fr. 50 à 0 fr. 60, et que des qualités inférieures se vendent au-dessous de 0 fr. 20.

Le gouvernement français se préoccupa de cette situation d'infériorité et se mit en mesure d'y porter remède. Des propositions furent faites à différents producteurs étrangers, et entre autres à James Jackson, industriel à Lancastre (Angleterre). Après arrangements entre lui et le comte Chaptal, ancien ministre du commerce, Jakson vint en France avec ses fils en 1815 et prit l'engagement de produire des aciers tout au moins égaux aux meilleurs aciers anglais.

Le département de la Loire était tout indiqué, avec ses mines de charbon, pour la création d'établissements métallurgiques.

James Jackson et ses fils vinrent tout d'abord établir leur fabrication d'acier à *Trablaine*, près du Chambon-Feugerolles.

Les débuts furent difficiles. Il existait en France un réel préjugé contre les aciers d'origine française. Il fallait dissimuler cette origine ou les vendre 20 à 25 p. % moins cher que les aciers de provenance anglaise. Les Jakson luttèrent, et grâce à l'un d'eux, John, qui s'occupait surtout de la fabrication, ils réussirent à produire des aciers excellents.

En 1820, voulant donner plus d'extension à leur affaire, les Jackson établirent leurs aciéries au Soleil, près de Saint-Etienne, et organisèrent des martinets au Gouffre d'Enfer, sur le Furens.

Vers 1823, Jackson père retourna en Angleterre, et ses fils établirent, en 1830, le siège de leur fabrication à Assailly, près Saint-Chamond.

Les frères Jackson, naturalisés Français, reçurent de nombreuses récompenses, parmi lesquelles la croix de la Légion d'honneur accordée à William et à Charles. Ils participèrent à de nombreuses créations industrielles qui se fondèrent dans l'arrondissement de Saint-Etienne.

Après eux nous devons citer les noms des fabricants d'acier les plus éminents, les Holtzer, les Verdié, les Petin, les Gaudet, les Baroin, qui, à partir de 1820, avaient installé des aciéries à Terrenoire, à Lorette, au Chambon, à l'Horme, à Firminy, à Unieux, à Saint-Julien-en-Jarez, à Janon, etc., etc.

Voici quelle était en 1831 la production métallurgique de la Loire :

19.490 tonnes de fontes.
14.079 — de fers.
260 — d'aciers de cémentation.
271 — d'aciers raffinés.
134 — d'aciers fondus.

Les nouveaux hauts-fourneaux employaient des minerais venant de la Voulte et aussi ceux de Villebois (Ain), mais les ingénieurs de l'époque fondaient les plus grandes espérances sur les minerais du terrain houiller de Saint-Etienne. C'étaient les minerais du Cros, du Soleil, du Treuil, mais surtout les minerais de la Tour-en-Jarez. L'analyse de ces minerais, principalement des derniers, donnait la certitude que les hauts-fourneaux de la région seraient convenablement alimentés et donneraient des résultats satisfaisants.

L'illusion ne fut pas de longue durée. Après des déboires

assez sérieux, ces minerais furent abandonnés et les hauts-fourneaux furent alimentés au moyen de minerais venant de l'Ardèche, d'Espagne et plus tard d'Algérie.

Grâce aux mines de la Loire, qui, en 1833, produisaient 800.000 tonnes, c'est-à-dire la moitié de ce qui se produisait dans la France entière ; grâce aussi aux trois chemins de fer créés dans la région longtemps avant qu'il en fût fait ailleurs, l'industrie métallurgique se développa rapidement. Elle fut la plus importante en France de 1830 à 1875.

A partir de cette époque, la situation se modifia rapidement. N'ayant pas, comme l'industrie métallurgique du Nord et de l'Est, des minerais à proximité ; obligés de les amener de très loin, les industriels de la Loire durent renoncer à la fabrication de la fonte. Les hauts-fourneaux s'éteignirent les uns après les autres, et en 1890 il n'en existe plus qu'un seul en activité dans le département de la Loire : celui des Aciéries de Firminy.

Sous l'empire de la nécessité, l'industrie métallurgique de la Loire a dû se transformer et renoncer aux articles de grande production, tels que les rails. Ses habiles ingénieurs, secondés par un personnel ouvrier remarquable, s'organisèrent pour la production d'articles spéciaux pour lesquels il faut un outillage perfectionné et une main-d'œuvre intelligente. C'est ainsi que les usines de la Loire produisent tout ce qui est nécessaire pour l'armement de la France : canons, frettes, obus, blindages, puis aussi roues, bandages, lingots et tôles d'acier, machines, chaudières...

Il était cependant bien dur, en éteignant les hauts-fourneaux, en renonçant à la production des rails, d'être obligé de renvoyer les nombreux ouvriers que l'on employait pour cette fabrication. Quelques compagnies étudièrent les moyens de porter ailleurs cette grande industrie. C'est ainsi qu'en 1880 la compagnie des Aciéries de la marine, dirigée par M. A. de Montgolfier, ingénieur des plus distingués, fonda les forges de l'Adour au Boucau, à l'embouchure de l'Adour, dans les Basses-Pyrénées. Le Boucau, qui était un simple village de pêcheurs en 1880, possédait en 1890 une population de 4.000 habitants. Ses trois hauts-fourneaux peuvent produire annuellement 80.000 tonnes de fonte qui sont transformées en rails et autres produits de consommation courante.

Ils sont alimentés au moyen de minerais venus d'Espagne et de houilles anglaises

Les usines de la Loire utilisent aujourd'hui non seulement les fontes produites par les hauts-fourneaux de la région encore en activité, mais des fontes venant de l'Ardèche, du Gard, des Bouches-du-Rhône et de Meurthe-et-Moselle.

En 1890, la production métallurgique de la Loire a été :

En fonte, 45.800 tonnes.

En fers, 35.300 —

En acier, 57.900 —

La construction du canal de la Loire au Rhône serait plus nécessaire pour la métallurgie que pour toute autre industrie de la région. Avec des moyens économiques de transport, cette industrie pourrait augmenter considérablement sa production, développer son exportation et reprendre peut-être la fabrication des rails qu'elle a dû abandonner.

Quincaillerie. — La quincaillerie est sans contredit l'une des industries les plus anciennes de Saint-Etienne. Elle y avait, au siècle dernier, une importance relativement exceptionnelle. Saint-Etienne et ses environs étaient le centre de la production de cet article en France.

Un fait malheureux se produisit vers la fin du siècle dernier, qui modifia cette situation. En 1790, un fabricant voulant apporter à Saint-Etienne les améliorations qui s'étaient déjà faites en Angleterre, installa à la Rivière une usine mécanique mue par une roue hydraulique, pour fabriquer des fourchettes et des cuillers. Ses produits, bien fabriqués et vendus à bas prix, étaient très recherchés, lorsqu'en 1791 un rassemblement d'ouvriers détruisit ce nouvel outillage.

A la suite de ce triste événement, cette industrie se transporta à Mirecourt d'abord, puis à Beaucourt, où elle fit de tels progrès que peu à peu la production de Saint-Etienne dut diminuer.

Malgré la concurrence des produits du Nord et de l'Est de la France, l'industrie de la quincaillerie occupe encore une place importante dans les industries de la Loire. Si certains articles ont disparu, d'autres sont entrés dans la consommation, et on estime à 124 environ le nombre des fabricants qui s'occupent de la production de la ferronnerie, de la quincaillerie proprement dite, des serrures, des boulons, des limes, des clous, des pointes.

Ces fabricants sont installés à Saint-Etienne ou au Chambon et occupent plus de 5.000 ouvriers dans ces localités et les environs, comme aussi à Saint-Bonnet-le-Château, Saint-Martin-

-la-Plaine et autres lieux de production. Le nombre d'ouvriers est moindre qu'en 1833, par suite de nombreux articles disparus et par suite de l'outillage mécanique qui a remplacé partout le travail manuel. On estime à près de 15 millions de francs la production de la quincaillerie dans la Loire, dont le tiers seulement est exporté.

VERRERIE. — L'industrie *verrière* s'établit à Rive-de-Gier peu de temps après la construction du canal de Rive-de-Gier à Givors qui fut inauguré en 1778. C'est en 1787 que s'installèrent les premiers fours dans cette petite localité qui comptait alors 2.000 habitants, occupés surtout à l'extraction de la houille.

Elle s'est étendue de là dans tout le département, à Saint-Galmier, à Saint-Etienne, à Saint-Just-sur-Loire, à Andrézieux, à la Ricamarie. En 1860, elle occupait 2.800 ouvriers et produisait pour 7.575.000 francs.

ARMURERIE. — L'industrie des armes de luxe, l'une des plus anciennes de Saint-Etienne, est la seule dans la Loire qui, par suite de circonstances fâcheuses, ait vu sa production décroître.

De temps immémorial, Saint-Etienne a été une fabrique d'armes renommée. Il s'y faisait autrefois des arbalètes, des hallebardes, des épées, et des armes blanches de toute nature en usage pour l'armement. Dès que les armes à feu furent inventées, Saint-Etienne s'organisa pour les produire et cela dès le milieu du XIVe siècle, alors que les Anglais, à la bataille de Crécy, avaient effrayé l'armée française par le bruit inconnu de leur artillerie, qui faisait pourtant alors moins de mal que de bruit.

En 1516, FRANÇOIS Ier envoya à Saint-Etienne l'ingénieur VIRGILE, afin d'y organiser la fabrication des arquebuses et mousquets. Jusqu'en 1764, l'Etat s'adressait à l'industrie privée pour les armes dont il avait besoin, et les fabricants de Saint-Etienne s'étaient acquis une réputation méritée pour l'élégance et la bonté de leurs produits.

En 1764, afin d'obvier à l'inconvénient d'une trop grande diversité dans les livraisons qui lui étaient faites, l'Etat organisa une *Manufacture royale d'armes*. L'industrie privée était néanmoins appelée, à certains, moments, à concourir à l'armement de la nation et les armes fabriquées pour le compte de l'Etat étaient faites par des ouvriers travaillant dans leurs petits ateliers, soit à Saint-Etienne, soit dans les communes environnantes.

C'est ainsi qu'en 1833, la Manufacture royale produisit 66.000 armes de guerre, tandis que l'industrie privée en livra de son côté 81.400, sans compter une fabrication de 22.777 armes de luxe.

Depuis lors, des lois restrictives de toute nature intervinrent pour entraver la production de l'armurerie stéphanoise. La fabrication, la vente, la détention des armes, des pistolets et des revolvers surtout, furent interdites à diverses reprises. De plus, les fabricants de Saint-Etienne n'étaient pas autorisés à acheter et à transformer les armes de rebut que vendait l'Etat lorsqu'il changeait de modèle. Ces armes étaient achetées par la fabrique de Liège, qui prit de ce fait, une extension considérable.

Le résultat de cette législation restrictive a été déplorable pour la fabrique d'armes de Saint-Etienne qui était le lieu de production le plus important du monde entier jusqu'en 1835. Grâce à la liberté de fabrication qui a toujours existé pour elles, les industries de *Liège* et de *Birmingham* sont devenues bientôt plus importantes que celle de Saint-Etienne. Ainsi, tandis que l'industrie privée de Saint-Etienne n'a produit que 40.000 armes en 1889, Liège en a livré plus de 1.500.000. Ce fait ne mérite-t-il pas d'attirer la sérieuse attention de nos gouvernants ?

Depuis lors, des fabriques nouvelles ont été créées en Autriche, aux Etats-Unis, en Allemagne, en Russie. Chaque jour la concurrence devient plus acharnée ; il faut donc que l'industrie armurière ne soit pas sans cesse troublée par des lois ou règlements que rien ne justifie et auxquels les gouvernements étrangers n'ont jamais eu recours.

Manufacture nationale d'armes. — Ainsi que nous l'avons dit précédemment, la fabrication des armes en usage aux différentes époques s'est faite à Saint-Etienne de temps immémorial.

Il est cependant une date à partir de laquelle on peut suivre, d'une manière pour ainsi dire *officielle*, la fabrication de l'arme de guerre. C'est en 1516 que François Ier envoya à Saint-Etienne l'ingénieur Virgile, afin d'y organiser la fabrication des arquebuses à rouet et des mousquets.

Jusqu'en 1717, les armes étaient commandées directement aux fabricants de Saint-Etienne, qui malgré toute leur compétence et leur honorabilité, ne les exécutaient pas d'une manière uniforme. C'est pour cette raison qu'en 1717 on envoya à Saint-Etienne un officier d'artillerie, M. du Saussay, avec le titre d'inspecteur.

La fabrique d'armes de Saint-Etienne était à cette époque très florissante. La réputation de cette fabrique s'était répandue dans le monde entier et son exportation était considérable. On n'aurait trouvé nulle part des graveurs, des sculpteurs, des damasquineurs plus habiles.

Cette situation se prolongea jusqu'en 1764. A cette époque, une société fut fondée sous le nom de *Manufacture royale*, à laquelle furent accordés les mêmes privilèges que ceux dont jouissaient alors les Manufactures royales de Charleville et de Maubeuge. Cette société installa des ateliers, des forges et les magasins nécessaires. A partir de cette époque, la fabrication des armes de guerre de Saint-Etienne se fit sous le contrôle et la direction des officiers d'artillerie.

Quelque ouvriers travaillaient à la Manufacture, mais la majeure partie était disséminée à Saint-Etienne et dans toutes les localités environnantes : Montaud, Saint-Héand, La Tour-en-Jarez, la Fouillouse, Sorbiers, Villars, Saint-Genest-Lerpt, Rochetaillée, Planfoy. *Saint-Héand* était la principale succursale de la Manufacture pour la fabrication des platines et la monture. Un capitaine d'artillerie et plusieurs contrôleurs y avaient leur résidence.

Néanmoins, la production n'était pas d'une grande importance et ne dépassait pas 20 à 25.000 armes.

En l'an XI, et pendant les années snivantes, la production s'eleva à 36.000 armes. A partir de 1806, cette production augmenta sensiblement. Elle fut de 65.975 armes en 1806, s'éleva à 97.608 en 1810 et atteignit un chiffre moyen de 65.000 armes de 1806 à 1815.

Après 1830, les travaux prirent une énorme extension, les commandes étaient, pour ainsi dire, illimitées, et l'on dut s'adresser à l'industrie privée. Les résultats que l'on obtint immédiatement furent la démonstration évidente de la bonne organisation de cette industrie privée et du concours qu'elle peut donner à l'Etat.

Ce même concours de l'industrie privée fut réclamé en 1848, en 1862 et en 1870.

L'industrie privée est organisée pour prêter un concours important à l'Etat toutes les fois qu'il sera demandé. Malheureusement pour elle, l'Etat est aujourd'hui admirablement outillé.

Les anciennes installations étaient tellement insuffisantes et défectueuses, que l'Etat se décida à construire une grande et belle manufacture au Treuil, au Nord de Saint-Etienne, sur la route de Roanne. Cette construction, commencée en 1864, fut terminée en 1868.

Il semblait, à cette époque, que la Manufacture de Saint-Etienne, avec celles de Tulle et de Chatellerault suffiraient à tous les besoins. Cela eût été vrai si le recrutement de l'armée s'était fait de la même manière; mais à partir de 1871, toute la nation étant appelée sous les armes, il fallait une production bien supérieure à celle que l'on avait obtenue jusque-là.

On y put suffire aussi longtemps qu'il ne s'était agi que de fabriquer des armes dont toutes les pièces se faisaient à la main. On pouvait les produire non seulement à la Manufacture elle-même, mais donner des commandes à l'extérieur.

C'est ainsi que l'on arriva à fabriquer, soit en armes nouvelles, soit en armes transformées ou simplement réparées, 439.957 armes en 1878. Ajoutons que la moyenne de cette fabrication a été de 313.843 armes de 1861 à 1883 à Saint-Etienne. De leur côté, Tulle et Châtellerault donnaient une production à peu près équivalente.

Tout fut remis en question lorsque le *fusil Lebel* fut adopté. Pour fabriquer cette arme délicate, pour que toutes les pièces fussent absolument interchangeables, il était nécessaire que l'arme entière fût faite avec des machines-outils.

Il fallut donc transformer à nouveau les manufactures de Saint-Etienne, Tulle et Châtellerault, les agrandir et changer complètement l'ancien outillage. Ceci fut fait avec une rapidité étonnante, et pour être à la hauteur de leur mandat, les pouvoirs publics ne se préoccupèrent en rien de la dépense énorme que cette transformation nécessitait.

A Saint-Etienne, aussitôt que la belle Manufacture construite en 1866 fut pourvue de son nouvel outillage, l'Etat prit possession en août 1887 des terrains qui l'avoisinaient. Les constructions et les installations furent faites sans perdre un instant et en mai 1888 les nouveaux ateliers purent fonctionner.

La production n'étant pas encore suffisante, l'Etat acheta en février 1889 les grands ateliers de l'Etivalière, dans lesquels la fabrication put commencer en mai 1889.

Avec un personnel d'environ 10.000 ouvriers, la Manufacture

nationale d'armes de Saint-Etienne est arrivée à produire 1.600 fusils Lebel par jour, soit 480.000 armes par an. De leur côté, les usines de Tulle et de Châtellerault produisaient environ 300.000 armes.

(D'après le rapport adressé en 1891 à la Chambre de Commerce de Saint-Etienne, par M. L. Thiollier).

L'INDUSTRIE DE SAINT-CHAMOND

L'industrie rubanière, autrefois très florissante à Saint-Chamond, s'en est peu à peu retirée pour se concentrer à Saint-Etienne.

Fort heureusement, une industrie de date récente, *celle des lacets*, a pris dans cette ville une importance exceptionnelle. Un négociant de Saint-Chamond, M. Richard-Chambovet, importa, en 1807, quelques métiers allemands. Il améliora le mécanisme imparfait de ces métiers, et en installa un certain nombre à Saint-Chamond. Il se dévoua personnellement au développement de cette industrie nouvelle, et trouva bientôt des imitateurs.

Saint-Chamond ne possède pas de Chambre de commerce. Elle dépend de Saint-Etienne, qui est à 12 kilomètres.

Par contre il y a :

Une *Chambre consultative des Arts et Manufactures*, puis la *Chambre syndicale des Fabricants de lacets*, qui a une importance considérable pour toutes les questions de droits, de douanes, de traités de commerce, et pour tout ce qui concerne les questions ouvrières, d'heures de travail, etc., etc.

Il y a des fabriques de lacets à Saint-Etienne, Nîmes, Lille, Amiens, Paris ; mais toutes sont reliées à la Chambre syndicale de Saint-Chamond, qui s'occupe de toutes les questions d'affaires.

L'industrie la plus importante est celle de la fabrication de la TRESSE OU LACET (1). Il faut ajouter à Saint-Chamond les

______

(1) La *tresse* est le nom technique du lacet ; elle est en laine, en coton ou en soie. — On en fait de toutes qualités et de toutes dimensions, depuis celle qui sert à border les habits jusqu'au cordonnet qui retient les lorgnons.

groupes d'Izieux, Saint-Julien-en-Jarez et Saint-Martin-en-Coalieu. Ces quatre communes ou villes ne font qu'un corps compact et étendu dans un périmètre assez restreint.

La fabrique de lacets peut compter plus de 1,200,000 fuseaux ou broches, partagés entre 31 fabricants, dont 10 façonniers, c'est-à-dire 10 petits fabricants travaillant pour le compte des 21 autres maisons.

Les métiers sont tous dans des manufactures, et le travail est ainsi divisé :

Certains industriels font la grande journée de 11 heures de travail, et d'autres font 2 postes de 8 heures. Une première équipe commence à 4 heures du matin jusqu'à une heure. Puis à une heure une autre équipe prend jusqu'à dix heures du soir. Chaque poste est coupé par un repos d'une heure. Ce genre de travail ne concerne que le fonctionnement des métiers.

Les magasins et les devidages sont à la journée de 11 heures.

Les usines sont éclairées au gaz ou à l'électricité. Les forces motrices sont données, soit par des machines à vapeur, soit par des roues hydrauliques. Tous les métiers sont mécaniques, en rangs réguliers, à un mètre des transmissions reliées par courroies.

La fabrique de lacets a pu donner de 8 à 9 millions de salaires ; mais depuis la crise ce chiffre est bien descendu.

Ces fabriques occupent 6.500 ouvrières et 650 ouvriers. On estime à plus de 25 millions de francs (dont 23 millions pour Saint-Chamond et 2 millions pour Saint-Etienne) la production de toutes ces usines en lacets et tresses de tous genres. Les tresses et lacets de soie entrent dans ce chiffre pour 14 millions ; ceux de laine et de mohair pour 11 millions. 11 à 12 millions sont pour l'exportation, le restant pour la consommation française.

Si la fabrique de lacets pouvait importer librement non seulement ses fils de soie, mais les fils de laine, de mohair, de coton et de schappe, sa production prendrait bien vite un considérable développement.

Cette industrie n'emploie que des soies étrangères et serait profondément atteinte si ces matières étaient frappées d'un droit quelconque. Mais, malheureusement, depuis 1890, il y a une souffrance sérieuse occasionnée par les révolutions constantes de l'Amérique du Sud et par un *change* presque prohibitif pour les achats ; par le bill Mac-Kinley ; par le manque de traités commerciaux avec l'Espagne, l'Italie et la Suisse; par la crise financière et le change élevé de l'Espagne, tout cet ensemble de faits a jeté une perturbation énorme dans l'industrie du lacet.

Cette industrie, si florissante autrefois, a perdu plus du quart de son chiffre, et les salaires ont baissé en proportion; car il ne faut pas s'y tromper, *la tresse ou lacet est absolument un article d'exportation*.

Ce qu'il y a de plus grave, c'est que, depuis la rupture des traités de commerce, des fabriques importantes se sont montées à New-York, en Espagne, en Italie et en Suisse. Voilà les plus clairs résultats pour Saint-Chamond du protectionnisme à outrance.

La fabrique de lacets fait vivre et occupe une foule de grandes et petites industries.

En première ligne, il faut mettre la teinturerie, qui compte 17 ou 18 maisons, dont quelques-unes sont très importantes, et qui distribuent plus de douze cent mille francs de salaires.

Il se teint :

Des soies noires et couleurs. (*Il y a des teintures chargeant de 4 à 500 p. %.*)

Des schappes noires et couleurs,

Des mohairs ou fils de chèvres en noir et couleur,

Des laines,   —   —

Des cotons,   —   —

Et des apprêtages de coton glacés,   —   —

Puis 5 ou 6 constructeurs de métiers à lacets. Les bâtis sont en bois; mais tous les mouvements sont en fer ou fonte.

Puis 8 ou 10 fabricants de fuseaux et pompes, et enfin 7 ou 8 mouliniers, qui préparent toutes les soies grèges pour le lacet, le ruban ou les étoffes de Lyon.

Il y a également une douzaine de ferreurs de lacets, qui occupent environ 200 jeunes gens, garçons ou filles, et qui, à l'aide de leurs mécaniques, arrivent à *fournir* et à adapter 288 morceaux de cuivre aux bouts des lacets pour 10 centimes.

13 ou 14 maisons occupées à ne faire que du cartonnage ordinaire et très riche avec des chromos ou autres enjolivures. Un nombreux personnel est occupé à ce travail.

Trois maisons d'imprimerie produisant des millions d'étiquettes.

C'est donc tout un monde qu'occupe directement ou indirectement l'industrie du lacet.

Bien que de date récente, cette industrie a su refouler l'importation étrangère et se rendre maîtresse du marché national. Grâce à l'initiative de ses chefs, grâce à l'excellente installation de leurs usines, grâce à son personnel ouvrier, l'exportation de cette industrie représente les trois quarts de sa production.

Elle peut aujourd'hui lutter avec succès sur les marchés étrangers contre sa puissante rivale, Barmen, installée bien longtemps avant elle, qui possède 8 à 10. millions de fuseaux et dont les produits sont connus depuis très longtemps dans le monde entier.

En dehors de cet article et de ses annexes, il faut citer la *grande Compagnie des Aciéries de la Marine et des Chemins de fer*, qui occupe 3.000 ouvriers et donne quatre millions de salaires ; les Forges de l'Horme ; des usines de pointes et clouterie ; trois grands constructeurs de chaudières à vapeur et de tôlerie ; une fonderie ; une forge d'outils en acier, qui fabrique des lames de couteaux pour Thiers, etc.

Des tramways à vapeur mettent Saint-Chamond en communication avec Saint-Etienne et Rive-de-Gier toutes les demi-heures.

L'INDUSTRIE DU COTON

ROANNE, TARARE, VILLEFRANCHE

On a pu lire, dans le travail placé en tête de ces études, un exposé succinct de l'histoire de l'industrie cotonnière dans la région lyonnaise. C'est au xviie siècle que le coton a commencé à se substituer comme matière textile au lin et au chanvre dans la montagne beaujolaise. Cette industrie cotonnière comportait la filature et le tissage. La filature à la main fut pendant longtemps seule pratiquée. C'est un peu avant la Révolution que les machines à filer *Mull-Jenny* furent introduites dans le Roannais. Mais l'industrie cotonnière faillit disparaître pendant la Révolution et l'Empire, par suite de la fermeture des marchés extérieurs. Elle s'est relevée depuis et n'a cessé de progresser surtout depuis 1848. Elle a son centre le plus important à Roanne, qui est devenue une de nos grandes villes manufacturières ; mais elle n'a pas disparu, comme on va le voir de la région montagneuse où elle est née. D'autre part, elle s'est établie en plusieurs autres points à l'est de Lyon.

L'état de cette industrie en 1894 est le suivant :

I. Centres de fabrication :

1º Roanne, Thizy, Cours et la région ;

2º Tarare et la région ;

3ª Villefranche et Lyon ;

4ª Diverses usines établies à Bourgoin, dans l'Isère, à Annecy, à Montceau-les-Mines.

II. Etoffes fabriquées :

1º La toile dite de Vichy, tissée en fils teints, pour la robe, le tablier, la confection pour femmes.

2° La mousseline, le nanzouck, le rideau brodé ou non, la tarlatane.

4° L'article pour doublure et le filé pour bonneterie.

L'article pour doublure se fabrique surtout à Villefranche ; la mousseline est la spécialité de Tarare.

III. Nombre de métiers mécaniques :

1° Roanne, Thizy et dans la région, 12.000. (Il faut y ajouter 3.000 métiers en construction.)

2° A Tarare, 730.

3• Dans le reste de la région lyonnaise : 1.500 à 1.800.

IV. Nombre de métiers à la main :

1° A Roanne, Thizy et région 3.500 à 4.000.

2° A Tarare, 4.000.

V. Production approximative :

1• A Roanne, Thizy et région (tissage et industries connexes : filature, teinture et apprêts), 100 millions de francs.

2° A Villefranche et Lyon (y compris teinture et apprêts), 30 millions (nombre d'ouvriers employé 2.500).

3° Tarare. Production des métiers à la main : 5 millions ; mécaniques : 1,5 à 2 millions ; des industries annexes (teinture, blanchiment, apprêt) : 2 millions.

Nombre d'ouvriers employés à Tarare : 2.500.

Il faut ajouter au chiffre d'affaires fait à Tarare, 2 millions pour la broderie.

L'industrie du coton est en grand progrès à Roanne, à Thizy, à Villefranche. Roanne surtout a su se créer une situation prépondérante sur nombre de marchés étrangers. C'est un des centres les plus prospères de l'industrie cotonnière en France.

Depuis que la mousseline est délaissée, l'industrie cotonnière de Tarare est plutôt en décroissance. Les produits par lesquels on a cherché à remplacer la mousseline n'ont ni la même valeur ni une consommation aussi régulière.

Au groupe de Roanne et Thizy il convient de joindre la ville de Cours qui occupe environ 350 métiers mécaniques et 180 métiers à la main. On y fabrique presque uniquement des couvertures de laine et de coton. La valeur totale de la production est d'environ 6 millions de francs.

L'INDUSTRIE DU LIN ET DU CHANVRE

VOIRON ET PANISSIÈRES

L'industrie du lin et du chanvre est, comme on l'a vu précédemment, la plus ancienne de la région lyonnaise. Née dans le
pays, elle y a été peu à peu supplantée par l'industrie cotonnière.
Elle né s'est maintenue qu'en deux endroits : à Voiron dans
l'Isère, à Panissières dans la Loire.

Par son ancienne fabrication à la main, Voiron s'était acquis
une très grande réputation et a donné son nom à un genre de
toile. Quand on veut parler d'une toile à grain relevé perlé et
bien net, on se sert de l'expression : toile de Voiron. Quand au
contraire on parle d'une toile à grain plat et clair, on dit : toile
du Nord. On fabrique également à Voiron du linge de table
ouvré et damassé.

Voiron a d'excellentes blanchisseries à cause de ses prairies
et de ses eaux vives.

Les métiers mécaniques ont presque complètement remplacé,
depuis 25 ou 3o ans à Voiron, les anciens métiers à la main. Ils
sont au nombre de 400 à 5oo. La production est de 4 à 5 millions.

A Panissières, la fabrication se fait encore à la main. La
transformation des métiers aurait été difficile, la ville étant
située dans la montagne, sans chemin de fer, et par conséquent
sans possibilité d'avoir du charbon à bon marché. On y
fabrique du linge de table et le nom de toile de Panissières sert
à désigner une toile dont le dessin est bien en relief. La production de Panissières est d'environ 1 million. Elle occupe à
peu près 7oo ouvriers.

L'INDUSTRIE DE LA LAINE

Vienne, Cours, Thizy, etc.

La ville de Vienne et les communes limitrophes possèdent de nombreuses industries, dont la plus importante est celle de la laine cardée.

L'introduction de l'industrie de la draperie à Vienne n'est pas très ancienne. Vers le milieu du xviiie siècle quelques ouvriers, venus des montagnes du Vivarais, fabriquaient à Vienne des lainages grossiers. En 1765 fut établie la première manufacture. On y tissait à la fois de petites étoffes de soie, des toiles, des peluches et des draps croisés. Mais c'est surtout depuis la Révolution que l'industrie de la laine a pris à Vienne un développement considérable. Elle a dû sa prospérité à la petite rivière de la Gère, qui fournissait à la fois la force motrice nécessaire à la mise en marche des machines à carder et à fouler, et une eau excellente pour le lavage des laines. Depuis, des machines à vapeur ont en partie remplacé l'eau comme force motrice, mais c'est bien à la Gère qu'est due l'importance de la fabrique viennoise. La première machine à vapeur fut installée en 1837. En 1820, les fabriques de draperie produisaient environ 20.000 pièces. En 1835, 40.000. On comptait alors environ 300 fabricants, 800 métiers, 6.000 ouvriers occupés au lavage, au cardage, au tissage, etc... L'année 1848 amène une crise dans la fabrication, mais elle reprend bientôt son essor et, vers 1855, la production était montée à 90.000 pièces par an. Les traités *libre-échangistes*, en ouvrant le marché français aux lainages anglais, forcèrent les fabricants viennois à s'ingénier pour soutenir la lutte; ils arrivèrent, après 1860, à fournir annuellement 130.000 pièces. C'est alors que le métier mécanique commença à remplacer l'ancien métier à bras. Cette transformation a eu pour effet de supprimer la petite industrie au **profit de la** grande. Vienne s'est mis alors à fabriquer des **draps à très** bon marché, des draps dits *Renaissance*, c'est-à-dire fabriqués avec des déchets de laine, de vieux **draps** refilés, etc.

Cette industrie **compte** aujourd'hui environ 10.000 ouvriers, et utilise **une force** motrice hydraulique ou à vapeur de 2.700 **chevaux**, mettant en mouvement 60.000 broches de filature *self-acting*, et près de 2.000 métiers mécaniques. Le **tissage** à bras a presque complètement disparu.

Sa principale branche est la draperie. La production annuelle des draps s'élève à environ 3.000.000 de kilogrammes, représentant une valeur de 15.000.000 de francs. On compte 31 fabricants ; il y en avait plus de 150 avant la guerre.

Cette diminution considérable n'a pas affecté la production qui a, au contraire, progressé. La cause de ce fait économique, c'est l'absorption de la petite industrie par la grande, déterminée par la nécessité, pour soutenir une concurrence excessive, de forcer la production et de répartir ainsi les frais généraux sur le plus gros chiffre d'affaires possible.

Il en est résulté cette conséquence, très regrettable, que l'ouvrier intelligent et rangé qui autrefois, à Vienne, dans l'industrie dont il s'agit, se mettait facilement à son compte, ne le peut plus aujourd'hui.

Les salaires en usage dans la draperie sont les suivants :

        Hommes, de 3 fr. 50 à 4 fr. 75.
        Femmes, de 2 »   » à 3 » 50.
        Enfants, de 1 »   » à 2 » 50.

On peut évaluer à 2.500.000 francs le montant de la production de la filature non consommée par l'industrie locale, et des feutres de laine pour chapellerie.

La valeur totale de la production de la laine cardée est donc d'environ 17.500.000 francs par an.

Les industries les plus importantes, après celle de la laine, sont :

1° La métallurgie : 7 ateliers de construction de machines ; 2 hauts-fourneaux, à Chasse ; 3 fonderies de 2me fusion ; un établissement pour le traitement des matières aurifères et argentifères ; un atelier de construction de chaudières à vapeur.

2° La minoterie : 5 établissements.

3° La papeterie : 2 fabriques, l'une à Gemens sur Estrablin, l'autre à Pont-Evêque.

4° La stéarinerie : une fabrique importante à Estrablin.

A ces industries s'en ajoutent d'autres, telles que brasserie, fabrication de liqueurs, scieries, etc., etc.

La production industrielle de Vienne peut être évaluée, en totalité, de 30 à 35 millions de francs par an.

Indépendamment des fabriques de draperies de Vienne, il existe encore dans la région lyonnaise d'autres tissages de laine disséminés dans l'Ain, dans l'Isère et dans le Rhône.

Il y a dans l'Ain, près de Montluel, une importante fabrique de draps de troupes, occupant 60 métiers mécaniques et employant 75.000 kilos de laine ; une fabrique de couvertures de laine d'environ 20 métiers à la main, employant 50.000 kilos ; une autre fabrique de couvertures à Ambérieu, ayant à peu près le même nombre de métiers, et employant la même quantité.

Dans l'Isère, à Serezin-sur-Rhône, industrie des couvertures de laine : 30 métiers mécaniques ; 130.000 kilos de laine. Toutes ces fabriques font le cardage, le filage, la teinture des laines, et, après le tissage, blanchissent et apprêtent les couvertures.

Mais c'est surtout dans le département du Rhône, à **Cours** et à **Thizy**, que l'industrie de la laine tient une place importante. Il y a là un assez grand nombre de fabriques de couvertures de déchets de laine, faisant un chiffre d'affaires assez considérable.

A Lyon même, plusieurs maisons ont des métiers mécaniques faisant des tissus pour gants et jerseys, et employant beaucoup de laine filée.

Enfin, depuis une vingtaine d'années, Roanne est devenue un centre très important pour la fabrique des lainages de fantaisie, pour la bonneterie de laine, comme on dit. Il y a aujourd'hui, à Roanne et dans l'arrondissement, 66 fabriques de lainages occupant 20.000 ouvrières. Elles font surtout des fichus de laine. (Renseignement tiré de l'*Histoire de l'industrie de la région roannaise*, de Maurice Dumoulin.)

LES TRANSPORTS·PAR EAU

La France possède, de la Méditerranée à la Manche, une grande voie de communication qu'ont suivie de tout temps les transports par eau. La raison en est bien simple, puisque le Rhône, qui en fait partie, est le seul fleuve navigable de l'Europe qui se jette dans la Méditerranée proprement dite (1) et que Marseille, avant l'ouverture du canal de Suez, était, dans cette mer, le port le plus rapproché de Gibraltar, par où passaient forcément les marchandises, qu'elles vinssent de l'Amérique du Sud, des Indes ou de l'Extrême-Orient.

Lyon, placé entre le Rhône et la Saône, qui forment à eux deux près de la moitié de cette voie commerciale, devint de bonne heure ville de transit et d'entrepôt dans toutes les directions. Elle le devint d'autant plus, pour la navigation fluviale, que cette dernière opérait jusqu'en 1843 un transbordement sur la Saône par suite de la difficulté et même du danger que présentait la traversée du pont du Change (2). La différence d'allure des deux cours d'eau nécessitait aussi d'autres types de bateaux soit en formes, soit en dimensions : deuxième motif de camionnage ou de transbordement.

La Saône, « majestueuse, élégante, coquette, parfois presque rapide, mais plus généralement nonchalante et silencieuse » (3) ne présente entre Verdun et Lyon (4) qu'une pente kilomé-

---

(1) M. BORELLI, *Jonction du Rhône à Marseille*.
(2) Ce pont était composé d'une série d'arches garnies de roches à fleur d'eau dans les eaux moyennes, ne laissant passer, pour ainsi dire, la rivière que par une seule arche, connue alors, dans la ville, sous le nom de « la mort qui trompe ».
(3) MARANDON DE MONTYEL, *Pèlerinage sur la Saône*.
(4) *Rapports des travaux publics*. Exposition de 1889.

trique de 0^m04 ; tandis que le Rhône, « impétueux, précipite ses flots » (1) par une déclivité minimum dix fois plus grande, atteignant la pente kilométrique de 0^m78 entre l'Isère et l'Ardèche. Dans certains endroits cette pente dépasse beaucoup la moyenne et s'élève souvent au-dessus de 2 mètres (2).

Avant la venue des bateaux a vapeur, les bateaux qui circulaient sur le Rhône étaient des coques de 100 à 200 tonneaux, appelés barques, penelles, cyslandes, rigues ou savoyardes. Ces bateaux, dirigés par 3 ou 5 hommes, mettaient de 2 à 5 jours pour descendre jusqu'à Avignon (3) ; d'autres prolongeaient jusqu'à Arles. Avant 1837 cette navigation a présenté un mouvement de 1.800 bateaux à la descente, et 1.300 seulement à la montée (4), c'est-à-dire que 500 étaient vendus au bas du fleuve pour être dépecés.

Ces 1.300 bateaux à la remonte se formaient en convois de 500 tonneaux environ composés de 5 ou 6 barques remorquées par 50 ou 60 chevaux à la file, soit à peu près 200 équipages (5), comme on les appelait alors. La durée du trajet de ces convois était très variable ; néanmoins, quoique les auteurs sur la matière soient loin d'être d'accord sur cette durée, on peut fixer la moyenne du voyage à 30 jours à peu près.

Sur la Saône, ces équipages ont continué plus tard que sur le fleuve, puisqu'en 1847 un nouveau règlement de police les y mentionne dans les 3e et 4e classes des bateaux en circulation. Suivant la forme ou le tonnage, ces bateaux y portent le nom de cadoles, péniches, berrichons, ou savoyardes.

Pour les voyageurs il y avait, sur les deux rivières, et principalement sur la Saône, des bateaux pontés appelés coches ou plus tard diligences d'eau. Si nous n'en avons pour le Rhône que de très vagues indications, M. Valentin Smith, dans sa remarquable monographie de la Saône (6), rappelle que l'*Almanach astronomique et historique* de la ville de Lyon de 1742, mentionne l'annonce des coches de Lyon à Chalon, trajet en

---

(1) Laurent Dignoscyo, *Carte du Rhône*. Citation de Sénèque.
(2) Voir note 2 ci-dessus.
(3) M. Leger, *La navigation du Rhône considérée au point de vue lyonnais.*
(4) A. Dumont, *Essai sur l'encaissement et la canalisation du Rhône.*
(5) En 1837 il n'en existait plus sur le Rhône que 36, et tout au plus 18 en 1840.
(6) Cette monographie qui n'a pas moins de 160 pages a été publiée par la *Revue du Lyonnais* en 1851.

2 jours et demi pour monter, 2 jours pour descendre (1). En 1800 la diligence d'eau y faisait un service journalier.

ETABLISSEMENT DES BATEAUX A VAPEUR. — Telle était la situation lors de l'apparition des bateaux à vapeur. Ceux-ci s'installent sur la Saône en 1822, sur le Rhône en 1829.

Le premier service en marchandises sur la Saône fut celui de la Cie Aynard, en 1822, avec 2 bateaux.

Viennent ensuite :

En 1827, les Paquebots de la Saône pour voyageurs ; en 1829, les Gondoles pour la remorque ; en 1830, les Hirondelles, de MM. P. Galline et Cie, pour voyageurs.

Lors de l'ouverture du chemin de fer, en 1855, la batellerie à vapeur comptait sur la Saône 9 bateaux marchandises et 17 de voyageurs d'une force totale de 1.770 chevaux.

Sur le Rhône beaucoup d'essais avaient été tentés dès 1824 par des hommes du plus haut mérite, et au nombre desquels il suffit de citer MM. Seguin et Bourdon. Les essais furent stériles, l'industrie ne parvenant à surmonter ni les rapides courants du fleuve, ni les basses eaux, ni aucun des obstacles qu'elle rencontrait.

Un ingénieur anglais, auquel nos ateliers devaient de magnifiques machines, entreprit à son tour de surmonter ces difficultés. Le bateau à vapeur le *Dereims* fut construit à grands frais, et l'histoire locale a enregistré l'affreuse catastrophe qui, le 4 mars 1828, vint plonger la ville de Lyon dans le deuil, par suite de l'explosion de ce bateau, lorsqu'on voulut essayer de le faire fonctionner au quai de la Charité.

Un pareil accident était bien fait pour ralentir le zèle de ceux qui pensaient à en établir. Aussi n'est-ce qu'en 1829 que nous voyons *le Pionnier*, de la Cie Générale, faire le premier voyage de remonte d'Arles à Lyon. En 1838, 3 autres compagnies s'établissent, les *Aigles*, les *Papins* et les *Sirius* toutes avec des machines anglaises. Les machines françaises, construites au Creusot, n'apparaissent que lors de l'installation de la Cie Bonnardel, en 1840.

En 1855, lors de l'ouverture du chemin de fer, les bateaux à

---

(1) Parmi les voyages accomplis sur nos rivières, l'histoire de Lyon a enregistré, sur le Rhône, celui de Richelieu, en 1642, traînant à sa remorque Cinq-Mars et de Thou, et sur la Saône, celui des ducs de Bourgogne et de Berry, en 1701.

vapeur du Rhône étaient au nombre de 50 environ (1). Leur longueur, de 45 mètres au début, en avait atteint une moyenne de 80, et les plus grands mesuraient jusqu'à 130 mètres, portant 300 tonnes avec des machines de plus de 200 chevaux.

Si depuis lors la navigation du Rhône a lutté avec beaucoup de peine contre son nouveau concurrent, les améliorations apportées au cours des deux rivières depuis une trentaine d'années l'ont quelque peu relevée et la Saône notamment a été mise à même de satisfaire complètement les besoins des transports. Du reste le dessin graphique publié par l'administration des Ponts et Chaussées indique une circulation satisfaisante et assez régulière de Chalon à la mer, tandis qu'elle est presque nulle sur la Loire et la Gironde en amont de Bordeaux.

État actuel de la saone. — La grande Saône, comprise entre Verdun et Lyon, sur une longueur de 167 kilomètres, a été de tout temps navigable. Cette navigation avait lieu à rivière libre, avec un mouillage généralement supérieur à 1^{m}60 mais pouvant descendre, en basses eaux, à 0^{m}80 et même moins.

Les travaux de canalisation qui y ont été faits de 1865 à 1879 ont coûté plus de 18 millions. On y a établi 6 grands barrages éclusés, qui ont amené depuis un tirant d'eau de 2 mètres. On peut y naviguer par des crues de 4 mètres et plus à l'étiage (2) ; néanmoins lorsque les eaux s'abaissent aux environs de 2 mètres, les mariniers préfèrent qu'on relève les barrages. Indépendamment des bateaux à vapeur, remorqueurs et porteurs qui ont fait en 1892 1.600 voyages, les bateaux ordinaires en ont effectué 6.200 dans la même année, soit un tonnage effectif total de :

> 528.000 tonnes à la descente.
> 248.000 — à la montée.

En tout . . 776.000 tonnes, dans lesquelles les matériaux de construction, la houille, les minerais, fontes et fer entrent pour 66 %.

État actuel du rhone. — Si la navigation à vapeur de la Saône avait quelque peu soutenu la lutte lors de l'établissement

---

(1) Il faut y ajouter quelques bateaux grappins, système Verpillieux, affectés alors à la remorque.

(2) Le champ d'inondation atteint alors une largeur de près de 2 kilomètres et demi.

des chemins de fer, il en fut tout autrement sur le Rhône, et au bout de 3 ans les compagnies réunies sous le nom de Compagnie générale de navigation avaient éprouvé des pertes considérables. Il fallait réparer le mal, et alors commencèrent bientôt les études et les améliorations du cours du fleuve.

L'irrégularité du chenal et la raideur des inflexions sur les *maigres* ne permettaient même pas aux bateaux de suivre le thalweg et d'utiliser toute sa profondeur. Le gouvernail était insuffisant pour diriger les bateaux et pour franchir les mauvais passages ; il fallait souvent avoir recours à l'emploi de cordages traversiers et des cabestans.

Les améliorations commencèrent, mais ce ne fut qu'à partir de 1878 qu'elles furent définitivement poursuivies en vertu de la loi de la même année qui décida que l'amélioration du Rhône serait poursuivie en conservant le cours libre du fleuve par voie de régularisation.

En compulsant les documents publiés par le ministère des travaux publics pour l'Exposition de 1889, nous trouvons que la dépense faite à cette époque était de 39 millions. Les chômages autrefois très fréquents (les rapports indiquent jusqu'à 90 jours par année), ont été en diminuant peu à peu : en 1883 et de 1885 a 1888 la navigation n'a pas été interrompue. Le minimum d'étiage de 0^m 40 est arrivé à 1^m 15. Le nombre de passages difficiles qui ne présentaient pas 1^m 40 et qui étaient lors du commencement des travaux au nombre de 104, est tombé en 1884 à 31, en 1886 à 16, et en 1888 à 3.

Aussi la navigation s'est-elle relevée, son mouvement de 1886 à 1892 a augmenté de 160.000 tonnes. En cette dernière année le tonnage effectif, transporté par 7.818 bateaux, (exactement le même nombre que la Saône) a été de :

$$192.000 \text{ tonnes à la descente.}$$
$$\underline{450.008 \quad — \quad \text{à la montée,}}$$

En tout . . 642.000 tonnes, dans lesquels les bateaux à vapeur entrent pour 38 °/₀.

Quelque satisfaisants que semblent ces chiffres, surtout avec l'augmentation du mouvement de 1886 à 1892, qui représente 8 fois l'accroissement constaté sur le fleuve pendant de longues années, cet accroissement laisse fort à désirer si on le rapproche de ce qui existe sur l'Elbe par exemple, où le tonnage effectif est le tiers du mouvement du port d'Hambourg situé, comme on le sait, à son embouchure, tandis que celui du Rhône n'est que le cinquième du mouvement du port de Marseille. Ce simple rapprochement montre de combien la voie ferrée latérale l'emporte sur la voie du Rhône, contrairement à ce qui existe à l'étranger.

A. Breittmayer,
ancien sous-directeur des bateaux à vapeur du Rhône.

LES VOIES FERRÉES

Par sa situation topographique, Lyon, que l'on a souvent appelé la capitale du sud-est de la France, semble avoir été naturellement désigné comme une ville d'entrepôt, et comme un point de croisement des grandes artères de communication reliant le nord et le midi d'une part, et de l'autre la Suisse et l'Italie avec nos provinces du centre. Aussi, dès la domination romaine, plusieurs voies convergeaient vers Lugdunum ; plus tard, au XIVe siècle, l'institution des foires franches, qui avaient lieu tous les trois mois dans notre ville, eut pour conséquence d'y créer un centre de relations commerciales, et d'y attirer un courant considérable de voyageurs et de marchandises. Dans les premières années du siècle, la batellerie et le roulage avaient pourvu plus ou moins efficacement aux besoins d'une circulation sans cesse grandissante ; mais dès la fin de l'Empire, le vieil outillage devenait chaque jour plus insuffisant en présence de l'activité des échanges soit entre les diverses parties du territoire, soit avec l'étranger, et il fallait à tout prix recourir à de nouveaux modes de transport. De cette nécessité sont nés presque à la même époque, c'est-à-dire vers 1825, l'application de moteurs à vapeur à la navigation fluviale, et l'emploi des machines locomotives sur des voies ferrées, découvertes qui permettaient de faire voyager en toute saison les céréales, les vins, les charbons et toutes les marchandises lourdes dans des conditions de prix et de célérité inconnues jusqu'alors.

On trouvera dans une autre partie de ce recueil les documents relatifs à la navigation du Rhône et de la Saône ; je n'ai donc à m'occuper ici que du rôle que les chemins de fer ont joué et jouent encore à l'égard de la cité lyonnaise.

Qu'il me soit permis tout d'abord de rappeler deux faits généralement trop ignorés, et qui prouvent que notre région a été pour ainsi dire, le berceau de cette grande industrie. En effet la machine dont on avait fait usage pour remorquer les trains sur des rails en Angleterre ou ailleurs, n'avait donné que des résultats insuffisants, jusqu'au moment où Marc Seguin, d'Annonay, trouva le moyen de construire une chaudière tubulaire qui assurait à la locomotive une grande puissance sous un volume relativement restreint. C'était la solution d'un problème longtemps et ardemment cherché ; comme la plupart des grandes inventions, elle se produisait au moment psychologique, à l'heure même où elle devenait indispensable.

Il ne s'agissait plus que de faire l'application du système, et ici encore nous pouvons revendiquer l'honneur d'avoir été les pionniers de la première heure, car c'est presque, à nos portes que fut construit le premier chemin de fer français celui d'Andrézieux à Roanne d'une longueur de 23 kilomètres, concédé en 1823, et livré à l'exploitation en 1828. Son but principal était de relier à une voie navigable le bassin houiller de Saint-Etienne, fermé en quelque sorte entre de hautes montagnes, et de permettre aux charbons de cette provenance d'atteindre à peu de frais Roanne et la Loire, d'où, en suivant le lit du fleuve, ils trouvaient un rayon de vente très étendu.

Telle a été la modeste origine de nos voies ferrées en France, que l'on attribue souvent, à tort, à la ligne de Paris à Saint-Germain, construite seulement dix ans plus tard.

Aujourd'hui il peut paraître étrange que l'on n'ait pas choisi pour premier champ d'expériences le thalweg de l'une des grandes vallées du Rhône et de la Saône, où les accidents de terrain sont presque nuls, et qui semble se prêter mieux que d'autres à l'établissement d'une voie plate. Mais on pensait avec raison, à cette époque, qu'il fallait aller au plus pressé en ouvrant des routes nouvelles aux richesses houillères sur les points où la configuration du sol s'opposait à leur circulation.

Le succès de cette première tentative devait logiquement conduire à une seconde démonstration plus probante encore ; c'est effectivement ce qui eut lieu. Le 26 mars 1826 on adjugea à MM. Seguin frères et Biot la concession d'une ligne de Saint-Etienne à Lyon (58 kilomètres) par Saint-Chamond, Rive-de-Gier et Givors, concession perpétuelle il est vrai, mais astreinte par le cahier des charges à ne transporter que des marchandises,

au prix de 12 cent. par tonne kilométrique pour la remonte
de Givors à Rive-de-Gier, et de 13 cent. de Rive-de-Gier à
Saint-Etienne. Là encore, il s'agissait de faciliter aux charbons
du bassin de la Loire l'accès d'un débouché important, celui de
la vallée du Rhône et de la ville de Lyon, où ils n'arrivaient
que péniblement, sur essieux, et par petites quantités. L'entreprise paraissait audacieuse et pleine d'incertitudes. Car si, en
raison de la pente uniforme du terrain, l'établissement de la
voie de Saint-Etienne à Andrézieux, précédemment ouverte,
n'offrait guère plus de difficultés que la construction d'une
route ordinaire, il en était tout autrement de la ligne projetée
du Rhône à la Loire, tout au moins pour la partie comprise
entre Givors et Saint-Etienne, puisque entre ces points distants
l'un de l'autre de 3o kilomètres seulement, la différence d'altitude n'était pas moins de 380 mètres (15o^m à Givors, 53o^m à
Saint-Etienne) et qu'il fallait franchir par un souterrain la ligne
de faîte séparative entre le bassin du Rhône et celui de la Loire,
sans compter plusieurs autres petits tunnels le long de la vallée
du Gier.

Or, à cette époque la plus longue galerie souterraine était
celle des Echelles, en Savoie, qui n'avait guère plus de 3oo mètres. Le percement dans la montagne de Terrenoire d'un souterrain de 1.3oo mètres paraissait à la génération qui nous a
précédés une entreprise pour le moins aussi téméraire que,
trente ou quarante ans plus tard le percement du mont Cenis
ou du Gothard, d'une longueur presque décuple, parut une œuvre problématique. Cependant l'art des ingénieurs se montra à
la hauteur de leur tâche et triompha de tous les obstacles, bien que
la traversée du tunnel de Terrenoire causât longtemps de vives
émotions à nos grand-mères, fort inquiètes de pénétrer à l'im-
proviste dans les entrailles de la terre.

Ouverte par section, la ligne entière ne fut livrée à l'exploitation qu'en 1833, uniquement pour le transport des marchandises. L'emploi de la locomotive n'était pas encore généralisé,
et les survivants de cette époque déjà lointaine se rappellent
avoir vu jusqu'en 184o, les wagons traînés à la remonte par des
chevaux, et descendre les rampes par l'effet de la gravité.

Quoi qu'il en soit, le résultat désiré était obtenu par l'abaissement du prix de transport, et par la pénétration des charbons
dans des zones auparavant fermées. La progression de ce trafic
n'a cessé de s'accroître jusqu'à ces dernières années, malgré un

tarif sensiblement supérieur à celui dont jouit le bassin houiller
du Nord, par la raison que la traction sur les chemins de Lyon
à la Loire est plus onéreuse que partout ailleurs, et aussi parce
que le coût de premier établissement représente environ 1 million 700.000 francs par kilomètre, en moyenne, par suite des
nombreux travaux de réfection que cette ligne a dû subir.

Il semblait naturel d'admettre qu'encouragés par ce premier
succès, les capitaux lyonnais se seraient volontiers tournés vers
d'autres applications du nouveau système, et auraient cherché
à créer tout autour de notre ville un réseau de voies ferrées. Il
n'en fut rien cependant, et chose singulière, après avoir donné
au pays l'exemple d'une féconde activité qui n'était que l'aurore
d'une révolution économique, l'esprit d'initiative locale s'arrêta
brusquement, comme effrayé de son audace. Pendant près d'un
quart de siècle, on ne construisit plus autour de Lyon un seul
kilomètre de chemin de fer, et jusqu'en 1852 on ne pouvait
montrer dans nos murs qu'un seul misérable embarcadère, le
terminus de la ligne de Saint-Etienne, qui reste encore debout
dans la presqu'ile Perrache, comme un monument d'un autre
âge. Pour comprendre la raison de ce phénomène, il est nécessaire d'entrer dans quelques détails, de nature à expliquer le
changement d'orientation des idées, et à montrer comment de
régionale qu'elle était à ses débuts, la question des chemins de
fer devenait insensiblement une question d'intérêt général, à
laquelle les pouvoirs publics ne pouvaient rester indifférents.
Bientôt mis en demeure de se prononcer sur les services que les
nouvelles voies ferrées étaient susceptibles de rendre, le gouvernement de Juillet résolut de soumettre aux chambres des
projets tendant à l'exécution de diverses lignes destinées à relier
Paris, siège du gouvernement, aux grands centres de population
qui recevaient de la capitale l'impulsion et la vie, et d'assurer ensuite dans les meilleures conditions le transit entre l'Océan
et la Méditerranée, ainsi que le trafic de ces deux mers sur
l'Allemagne, la Suisse et l'Italie. Le 15 février 1838, le ministre
des travaux publics présenta une première proposition, avec
un exposé des motifs préparé par M. Legrand, directeur général
des ponts et chaussées, pour la création d'un grand réseau d'un
développement de 1.100 lieues, entraînant une dépense d'un
milliard. Il proposait en même temps de confier à l'Etat l'exécution des travaux, et réservait la question de l'exploitation
pour une loi ultérieure. Ce fut précisément cette dernière dis-

position qui fit échouer le projet devant les chambres, opposées en principe à l'idée d'un Etat entrepreneur de travaux publics, et désireuses au contraire de les abandonner à l'industrie privée. On se borna donc à accorder à des associations particulières des concessions restreintes pour les lignes de Paris à Rouen et au Havre, Paris à Orléans, Lille à Dunkerque.

Cependant, en 1841, la France ne possédait encore que 877 kilomètres de chemins de fer sur lesquels 566 seulement étaient exploités, et les pouvoirs publics comprirent qu'il était impossible de différer davantage les mesures propres à regagner le temps perdu, et à se mettre au niveau des autres puissances. Après de longues et minutieuses études, les chambres furent de nouveau saisies au début de l'année 1842, d'un projet de loi qui eut plus de succès que le précédent. Il maintenait le système de concessions à l'industrie privée trop systématiquement écarté par le premier projet, et allouait une somme de 126 millions de francs pour la réalisation du programme adopté, et pour des subventions à plusieurs compagnies. Votée le 11 juin 1842, cette loi est restée la loi fondamentale du régime des chemins de fer en France.

Désormais cette industrie, affranchie des premiers tâtonnements et des hésitations inhérentes au caractère national, put prendre un nouvel essor, et s'acclimater définitivement parmi nous. Malheureusement la révolution de 1848 paralysa quelque temps ses progrès, et fut surtout nuisible à l'établissement de l'une des plus importantes voies ferrées, celle de Paris à la Méditerranée, qui intéressait particulièrement notre région. En 1851, trois tronçons seulement avaient été ouverts : ceux de Paris à Tonnerre, et de Dijon à Chalon, achevés par les ingénieurs de l'Etat, et celui d'Avignon à Marseille construit par une société privée. Les deux premiers furent incorporés en 1852 dans la concession de la compagnie de Paris à Lyon, et le dernier fut rattaché au réseau de la compagnie de Lyon à la Méditerranée.

Enfin, en 1857, toutes deux se fusionnèrent pour ne plus former qu'une seule société sous le nom de Compagnie de Paris à Lyon et à la Méditerranée, qui absorba successivement quelques années plus tard :

1º La compagnie de Lyon à Genève avec embranchement sur Bourg et Mâcon.

2º Le réseau du Dauphiné composé des lignes de Lyon à Grenoble, de Saint-Rambert-d'Albon à Rives, de Valence à Moi-rans.

3° La partie de l'ancien chemin Victor-Emmanuel comprise entre le Rhône et le Mont-Cenis, qui est exploitée en vertu d'une convention spéciale.

4° La compagnie des Dombes et Sud-Est, comprenant la ligne de Lyon à Bourg, avec prolongements sur Chalon et sur Bellegarde, celle de Mâcon à Paray-le-Monial, et celle d'Ambérieu à Montalieu. Ce réseau que l'on pourrait qualifier d'intérêt régional, avait été construit sous la direction de M. Mangini, et présentait ce caractère particulier d'être en quelque sorte un retour aux entreprises d'initiative privée, sans le concours de l'Etat, telles que celles primitivement formées à Saint-Etienne et à Lyon.

Pour compléter cette étude, et pour terminer la nomenclature des diverses lignes aboutissant à Lyon, il ne nous reste plus à mentionner que trois petits chemins de fer d'intérêt local, construits dans les dix dernières années, ayant chacun leur point de départ dans une gare terminus spéciale ; ce sont, à proprement parler, des lignes de banlieue :

De Lyon à Trévoux ;

De l'Est de Lyon ;

De l'Ouest Lyonnais.

Lyon possède en outre trois funiculaires destinés à faire communiquer la partie basse de la ville avec les quartiers placés 5o ou 6o mètres plus haut.

De ce long exposé il ressort qu'aucune grande ville de France, Paris excepté, ne possède un réseau aussi complet de voies ferrées, toutes reliées entre elles, et aboutissant presque toutes à la gare centrale de Perrache qui reçoit ou expédie chaque jour 170 trains, en provenance ou à destination de :

Paris par la Bourgogne.

Paris par le Bourbonnais.

Roanne par Saint-Etienne.

Nîmes et le Gard par la rive droite du Rhône.

Marseille et Nice par la rive gauche du Rhône.

Grenoble et les Alpes.

Genève, Chambéry et l'Italie.

Besançon et Bourg.

Cette puissante concentration amène naturellement un mou-vement considérable de voyageurs et un trafic important de marchandises réparti entre les 8 gares de Lyon exploitées par la Compagnie Paris-Lyon-Méditerrannée, de la manière suivante, en 1893.

Voyageurs au départ et à l'arrivée 6 millions ;
Messsageries   —   —   130.000 tonnes
Marchandises   —   — 2.300.000   —

Bien entendu, on ne tient pas compte, dans ce relevé, des voyageurs ni des marchandises qui n'ont fait que transiter dans un sens ou dans l'autre sans s'arrêter dans nos murs.

Aussi, en France, Lyon tient, après Paris, la première place, dans le tableau de la circulation générale.

Il est vrai que, pour atteindre un pareil résultat et pour vaincre les résistances de l'esprit de routine, il a fallu trente années de luttes opiniâtres. Il est certain également que rien n'a été épargné pour faire de la grande artère de communication entre le nord et le midi une voie magistrale, à la construction de laquelle deux éminents ingénieurs ont attaché leurs noms : M. Jullien pour le Paris-Lyon, et M. Talabot pour le Lyon-Méditerranée. L'un et l'autre prévoyant l'importance du trafic à desservir, se préoccupèrent d'assurer une exploitation économique, en donnant au profil de la voie des pentes aussi faibles que possible. C'est ainsi que de Lyon à la mer les rampes ne dépassent pas 3 $^{m/m}$ par mètre, et 8 $^{m/m}$ de Tonnerre à Dijon, malgré l'altitude élevée de la chaîne de montagnes qui sépare le bassin de la Seine de celui du Rhône.

A Lyon même on avait à lutter contre des difficultés d'un ordre différent. Le choix de l'emplacement de la gare centrale donna lieu à d'interminables controverses entre la Compagnie, qui voulait la placer sur la rive gauche du Rhône, et le Conseil municipal, soutenu par les propriétaires des terrains de Perrache, qui s'obstinaient à réclamer pour ce quartier la construction d'un embarcadère dont le voisinage devait leur procurer les plus grands profits.

Il n'était pas jusqu'à la question de raccordement entre les deux grandes lignes de Paris à Lyon, et de Lyon à Marseille, qui ne provoquât des débats acharnés entre les partisans d'une soudure complète et ceux qui insistaient pour obtenir une solution de continuité entre les rails des deux compagnies. Cette dernière opinion est énergiquement soutenue dans une brochure, écrite en 1847, qui montre jusqu'où peut aller l'esprit de clocher. L'auteur de cet opuscule, un Lyonnais plus passionné qu'éclairé, demande à grands cris que l'on interdise aux deux compagnies de se raccorder, et prédit la ruine à bref délai de la cité lyonnaise si l'on n'oblige pas les trains de la Méditerranée à rompre charge sur la rive gauche du Rhône, et ceux venant du nord à s'arrêter à Vaise. Il cite même à ce propos le mot de Senèque : *Una nox interfuit inter urbem maximam et nullam.*

On vient de voir que ce sombre pronostic ne s'est point réalisé.

Vers la même époque un autre publiciste lyonnais avait essayé de démontrer que la batellerie du Rhône suffisait parfaitement au transport des marchandises entre Lyon et Arles, et qu'il était tout à fait téméraire d'engager des capitaux dans une entreprise ayant pour but de créer un chemin de fer parallèle au fleuve. Mais les mauvaises récoltes de 1846 et de 1847, et la disette qui en résulta, ne tardèrent pas à dissiper ces illusions. On reconnut bientôt que ni les bateaux à vapeur ni le roulage ne permettaient d'assurer rapidement les arrivages de blé dans le centre de la France.

Le temps du reste a fait justice de toutes les craintes chimériques, de toutes les allégations puériles et ridicules qui se produisaient dans la presse ou ailleurs contre l'industrie des chemins de fer. Lyon en a largement bénéficié à tous les points de vue : par la facilité des relations avec le dehors, par l'abaissement du prix des transports, par un accroissement des arrivages des denrées de toute sorte ; et, loin de déchoir de son rang, elle a étendu son action dans un cercle plus vaste, tout en voyant augmenter le chiffre de sa population.

J. CAMBEFORT.

MALADIES ET MÉDECINE LYONNAISES

La présente étude a pour objets Lyon et sa région envisagés au point de vue médical ; elle a pour but de donner aux lecteurs de cet ouvrage des notions sommaires sur l'état sanitaire de notre ville, c'est-à-dire d'indiquer les principales maladies qui y règnent, d'apprécier l'influence de celles-ci sur la mortalité, d'étudier les ressources que possède notre cité, soit au point de vue des moyens de combattre les causes de dépopulation, soit à celui de l'enseignement médical.

Les maladies d'une région dérivent toujours de sa situation géographique et de ses conditions météorologiques, dont l'exposé n'entre pas dans le cadre de ce travail. Tout le monde sait que Lyon, placé entre le nord et le midi, subit des températures extrêmes et que des brouillards épais y règnent à certains moments de l'année, quoiqu'on soit généralement porté à en exagérer la fréquence. Les maladies ayant pour cause l'impression du froid et l'humidité ont donc toujours été signalées comme jouant un grand rôle dans notre pathologie. Citons en particulier le catarrhe et le rhumatisme. Un excellent observateur, Rodamel, publia en 1838 un volume intitulé : *Traité de rhumatisme chronique.*

D'après cet auteur le rhumatisme et le catarrhe dominent notre pathologie, on les trouve souvent associés chez le même sujet, et le rhumatisme lyonnais emprunte à cette alliance si fréquemment observée des caractères qui lui donnent une physionomie spéciale.

Les grands travaux qui ont changé l'aspect de Lyon et les progrès de l'hygiène ont certainement diminué le taux de la mortalité, ainsi que le démontre l'étude des statistiques ; ils n'ont cependant pas changé la nature des maladies qui frappent notre population.

I

Nous ne pouvons insister longuement ici sur l'histoire des épidémies qui dans les siècles passés ont ravagé la ville de Lyon et la région lyonnaise. On en trouvera les détails dans les *Documents pour servir à l'histoire de la médecine à Lyon* de M. le Dr Ernest Poncet (Lyon 1885). En relations par Marseille avec l'Orient, notre ville fut à plusieurs reprises visitée par la peste. Monfalcon, dans son *Histoire de Lyon*, compte sept épidémies de peste en quatre siècles : 1348, 1564, 1577, 1582, 1586, 1628, 1643. A l'égard du choléra, Lyon a toujours joui d'une immunité relative, dont on a souvent recherché les causes sans les avoir trouvées d'une façon incontestable. En 1854 seulement il y eut, pendant les mois de juillet, août, septembre et octobre, une petite épidémie cholérique : elle ne fit pas plus de 300 victimes. Depuis cette époque on n'a jamais constaté à Lyon que quelques cas de choléra isolés. Presque toujours les malades venaient du dehors. Il en est de même pour la variole, qui n'a sévi avec intensité que pendant la dernière guerre, et sur les soldats appartenant aux bataillons de mobiles et aux légions de marche qu'on n'avait pas eu le temps de revacciner. La fièvre typhoïde a sévi d'une façon assez grave en 1873 et 1874. L'histoire de cette épidémie a été décrite de la manière la plus scientifique par M. le Dr Rollet, professeur d'hygiène à la Faculté de médecine. Elle n'a pas été aussi meurtrière qu'on l'a cru dans la population. Elle a fait en 1873 295 victimes ; en 1874 262 seulement. La diphtérie, autrefois presque inconnue, est devenue aujourd'hui une des maladies les plus fréquentes et les plus meurtrières. Elle a causé en 1893 222 décès, soit une moyenne de plus de quatre par semaine.

Nous donnerons plus de détails sur la phtisie pulmonaire, qui sévit malheureusement d'une façon grave, dans notre population ouvrière.

C'est la maladie des grandes villes. L'air confiné, le manque d'exercice, un travail exagéré et une nourriture insuffisante en favorisent la propagation. Ces conditions se trouvent réunies dans plus d'un atelier lyonnais.

En 1867 le docteur Chatin, médecin des hôpitaux de Lyon, mort en 1873, qui faisait alors son service dans celui de la Croix-Rousse, fit paraître dans le *Journal de médecine de Lyon*, N° du 15 octobre, un travail sous le titre suivant: *De la phthisie des tisseurs et des dévideuses à l'hôpital de la Croix-Rousse.* — Ce mémoire est appuyé sur une statistique de cinq années, relevée soit à la Croix-Rousse, soit à l'Hôtel-Dieu (voir Perroud, *Recherches statistiques sur la phthisie pulmonaire à l'Hôtel-Dieu de Lyon*, dans *Journal de médecine de Lyon*, 1ᵉʳ juillet 1864). Chatin montre les conditions favorisant l'éclosion et le développement de la maladie chez les nombreux ouvriers des deux sexes qui coopèrent à la fabrication de nos magnifiques tissus. Voici les conclusions de cet important travail, dont la publication eut à l'époque un certain retentissement:

1° La proportion des phthisiques dans les hôpitaux de Lyon est supérieure à celle de tous les hôpitaux dans les grandes villes, soit en France, soit à l'étranger.

2° A l'hôpital de la Croix-Rousse, la mortalité par la phthisie seule a été, pour une durée de 5 années, à peu près le tiers de la mortalité générale.

3° La phthisie acquise, très fréquente dans les hôpitaux, frappe les ouvriers tisseurs et, principalement, les tisseuses et les dévideuses.

4° Les jeunes filles et les femmes sont plus spécialement atteintes de cette maladie, en raison de l'âge où l'on fait commencer l'apprentissage.

Depuis cette époque la loi qui limite le nombre des heures de travail dans les ateliers et le transport de beaucoup de métiers à la campagne ont sans doute amélioré un peu la situation des ouvriers, et surtout celle des ouvrières dévideuses. — Quoi qu'il en soit cette maladie figure toujours en première ligne sur nos tables de mortalité. La guerre de 1870-71 en augmenta le chiffre d'une manière très sensible, ainsi qu'on peut en juger par les statistiques de décès publiées chaque année par notre grande administration hospitalière.

Les quatre années qui ont précédé la guerre ont en effet donné un total de 1.486 décès par phtisie pulmonaire constatés à l'Hôtel-Dieu, soit 372,5 par an. La période suivante commençant à l'année terrible nous fournit 1.827 morts, soit une moyenne de 456,70. La différence est de 341 cas, constituant une augmentation annuelle de 85,20.

Nous avons été enfin visités, au moins à deux reprises, par la grippe ou influenza : en 1837 et en 1890. L'épidémie de grippe de 1837 a été décrite avec beaucoup d'exactitude par le docteur Gubian, médecin de l'Hôtel-Dieu et administrateur du Dispensaire (Histoire de la grippe à Lyon — rapport demandé par la mairie de Lyon). En consultant cette excellente et consciencieuse monographie, on reconnaît à la grippe de 1837 les mêmes formes et les mêmes caractères qu'à l'influenza de 1890. La statistique des personnes atteintes à ces deux époques n'a pu être faite d'une manière exacte ; mais on peut juger de la gravité d'une affection par l'augmentation qu'elle entraîne dans la mortalité générale. Gubian donna, à la fin de son rapport, un tableau très complet de la mortalité pendant l'épidémie, laquelle apparut et sévit, comme la dernière, pendant les trois premiers mois de l'année. La population de notre ville était alors évaluée à 200.000 âmes. Or les décès enregistrés pendant le premier trimestre de 1837 en ville et dans les hôpitaux, donnent un total de 2.647. L'année précédente la mortalité avait atteint seulement le chiffre de 1.931 pendant la période correspondante. Différence : 716.

En établissant la même comparaison entre le premier trimestre des deux années 1890 et 1889, on trouve pour la première 3.389 morts et pour la seconde 2.391. D'où un excédent de 998 cas pour 1890, année de l'épidémie grippale.

Après avoir ainsi passé très rapidement en revue l'histoire des maladies qui ont éprouvé et qui éprouvent encore notre population, il ne sera pas sans intérêt d'étudier l'année qui vient de s'écouler au point de vue des principales causes de mortalité. De cette manière le lecteur pourra avoir une idée sommaire de la pathologie de notre grande ville.

En 1893, la variole n'a causé qu'un décès, la dysenterie 6 décès, la scarlatine, 30, la coqueluche, 31, les maladies suites de couches, 37, pleurésie, 46. Le chiffre donné par la fièvre typhoïde, 108, n'est pas très élevé eu égard à la population. Il est permis d'attribuer cette bénignité relative au traitement par les bains, très généralisé et très habilement employé à Lyon. Par contre la diphtérie a fait 222 victimes, dont un certain nombre, il est vrai, n'avaient pas contracté cette terrible maladie dans notre ville. Mais les lésions qui contribuent toujours le plus à la mortalité lyonnaise sont celles des voies respiratoires et en premier lieu la tuberculose pulmonaire qui figure pour 1.353 décès. Dans la même catégorie, j'ai groupé les catarrhes pulmonaires chroniques, les bronchites, pneumonies et bronchopneumonies qui ont produit 2.000 cas mortels. En ajoutant aux deux nombres précédents 46 pleurésies à terminaison fatale, nous arrivons à un total de 3.399 décès provenant de maladies des organes respiratoires. Les lésions du cœur ont produit 649 morts.

Sur la question de la mortalité générale, M. le Dr Clément, médecin de l'Hôtel-Dieu, *(Lyon-ethnographie-démographie-sol-topographie-climatologie* 1889) a fait des recherches très utiles à consulter. Il présente deux tableaux comprenant le nombre des décès classés par périodes de cinq ans, depuis 1855 jusqu'à 1886 inclusivement, soit pendant une durée de trente années. Il résulte de cette statistique que le taux mortuaire pour 1.000 individus, atteignant 26.51 pendant la période quinquennale de 1876-1880, est tombé à 23 73 pendant les cinq années suivantes de 1881 à 1885, soit une diminution de 2,78 pour 1.000. Notons en passant que pour les deux années 1870 et 1871, comptées ensemble la proportion était montée de 26 et une fraction, chiffre des années précédentes, à 36.64, et que les deux années suivantes, 1873 et 1874, ont donné 27,16. « Cette diminution de la mortalité », fait justement observer M. Clément, « a eu pour effet de conserver dans cette période de cinq ans 5.586 existences. En supposant qu'elle se maintienne, c'est annuellement 1.117 individus arrachés à la mort. Il me paraît hors de doute que cet heureux résultat est dû aux mesures hygiéniques prises par l'administration municipale. »

Depuis l'époque où M. Clément a publié son beau travail, la diminution signalée par lui dans le nombre des décès relativement au chiffre de la population, est encore allée en s'accentuant, ainsi qu'il ressort du relevé comparatif des morts pendant les années 1873 et 1893, fait par moi dans le *Lyon-médical.* Dans la première de ces deux années, la mortalité atteignit le chiffre de 8.971, sans parler de 675 enfants mort-nés. Pour une population de 323.417 habitants, c'était une proportion de 27.73 pour 1.000. L'élévation considérable de ce taux doit être attribuée en partie à ce que pendant les premières années qui suivirent la guerre, le nombre des phtisiques décédés dans les hôpitaux et en ville, dépassa la moyenne ordinaire, ainsi que je l'ai démontré plus haut. Vingt ans plus tard, c'est-à-dire en 1893, nous comptons 8.864 décès, non compris 586 mort-nés.

Or, 8.864 pour une population de 438.077 habitants, donne une proportion de 20.23 pour 1.000, inférieure de plus de trois unités à celle qui avait été établie par M. Clément. Somme toute, Lyon peut être considéré comme une ville salubre à un plus haut degré que beaucoup d'autres situées en France et à l'étranger.

A l'appui de cette assertion, voici quelques chiffres relevés dans un journal politique de Bordeaux. (la *Justice sociale*, 10 février 1894). La mortalité pour 1.000 est de 28.62 à Reims, de 27.05 à Dublin, de 26.47 à New-York, de 25.07 à Vienne, de 23.61 à Paris, de 20.58 à Berlin, de 19.11 à Londres, de 18.95 à Chicago, et seulement de 9.60 à Minneapolis (Etats-Unis).

Natalité. — M. Clément (ouvrage cité) a dressé un tableau des naissances pour une période de vingt-cinq ans, de 1861 à 1885 inclusivement. A Lyon, comme dans presque toute la France, la natalité générale est toujours allée en diminuant, tombant de 28.1 pour 1.000 à 23.7 pour les cinq dernières années. Le rapport moyen de ce quart de siècle est de 25.67 sans les mort-nés et de 27.75 avec les mort-nés. Pendant les cinq dernières années étudiées, c'est-à-dire de 1881 à 1885, la moyenne des naissances légitimes vivantes a été de 7.214 et celle des naissances naturelles de 1.914. « Les épouses lyonnaises, dit M. Clément, prises en bloc, c'est-à-dire sans considération d'âge, sont peu fécondes. Cela tiendrait-il à une proportion plus considérable qu'ailleurs d'épouses ayant passé l'âge de la reproduction ? c'est ce que nous allons examiner. Sur 1.000 épouses de 15 à 50 ans, on trouve en France 181 naissances, 158 dans notre département, 133 dans la Seine, 111 à Lyon. En rapportant même le nombre des naissances légitimes à celui des épouses au-dessous de 45 ans, la natalité n'atteint encore que 128.9. Quelle que soit la manière dont on étudie la natalité légitime à Lyon, il est malheureusement trop certain qu'elle est beaucoup plus faible qu'ailleurs. Quant à la natalité illégitime, comptée par rapport au nombre des femmes non mariées et aptes à la conception, elle est plus élevée que dans le reste de la France, sauf Paris et Marseille ; elle atteint 33.83 pour Lyon, 36.5 pour la Seine, 36.2 pour les Bouches-du-Rhône. Les filles-mères viennent en effet dans les grandes villes, où elles ont plus de chances de cacher leur faute et plus de chances aussi de l'exploiter comme nourrices. »

M. Clément constate ensuite que, parallèlement aux naissances légitimes, les illégitimes ont suivi depuis 35 ans un mouvement de décroissance. Elles sont tombées de 7.003 à 5.13 pour 1.000 habitants. Faut-il conclure de ce fait à une augmentation de la moralité ?

III

Notre ville peut à juste titre se glorifier de ses hôpitaux et de ses hospices, confiés à une administration qui a conservé son autonomie et qui, grâce à une fortune sagement gérée, peuvent pourvoir à tout leur entretien sans rien demander aux contribuables. Le nombre des lits existant lors de la publication du dernier compte moral était de 4.420, se décomposant de la manière suivante :

Hôtel-Dieu	996	lits
Croix-Rousse	385	—
Charité hospice..... 611 } — hôpital ..... 642 }	1.253	—
Hospice Renée Sabran	96	—
Hospice de la Guillotière	135	—
Antiquaille et Saint-Pothin	1.082	—
Sainte-Eugénie	103	—
Perron	370	—
Total....	4.420	—

Disons quelques mots de chacun de ces établissements :

L'Hôtel-Dieu est le plus important et le plus ancien de tous.

En 542 Childebert Ier, fils de Clovis, vint à Lyon avec la reine Ultrogothe son épouse ; saint Sacerdos, archevêque de cette ville, lui proposa de fonder un hôpital. Suivant Dagier (*Histoire chronologique de l'hôpital général et grand Hôtel-Dieu de Lyon*, Lyon 1830), cet établissement s'éleva sur l'emplacement qu'il occupe aujourd'hui. Presque tous les historiens qui ont écrit sur notre ville ont répété cette affirmation, que personne ne semblait révoquer en doute, lorsqu'en 1876 M. Guigue, ancien élève de l'école des Chartes et archiviste de la ville de Lyon, fit paraître un ouvrage intitulé : *Recherches sur Notre-Dame de Lyon, hôpital fondé au* vi^e *siècle par le roi Childebert et la reine Ultrogothe.* Cet important travail dans lequel sont étudiées également la construction du pont de la Guillotière et celle du grand Hôtel-Dieu, se termine par les conclusions suivantes, appuyées sur de nombreux documents :

« L'hôpital fondé au vi^e siècle dans la ville de Lyon était sous le vocable de la sainte Vierge.

« Or il n'y a jamais eu à Lyon d'autres hôpitaux anciens sous ce vocable que celui de Notre-Dame de Pitié du Pont du Rhône, aujourd'hui le grand Hôtel-Dieu, et Notre-Dame de Lyon, du Pont de la Saunerie, de la Graneterie, dénommé en dernier lieu de Saint-Eloi.

« En ce qui concerne l'hôpital de Notre-Dame de Pitié, je crois avoir suffisamment démontré qu'il n'est pas plus ancien que le Pont de la Guillotière et qu'il ne remonte pas au delà de 1180. »

L'hôpital Saint-Eloi était situé, d'après M. Guigue, sur la rive droite de la Saône, entre l'église de Saint-Paul et la place de la Douane. Il fut ouvert aux malades jusqu'à l'année 1503.

Les recherches du savant archiviste donnent donc un démenti à la tradition qui attribue au fils de Clovis et à la reine sa femme la fondation de l'Hôtel-Dieu.

L'origine de la grande fortune des hospices de Lyon date du commencement du xviiie siècle. Le 11 octobre 1711 une foule considérable, revenant de la fête de Saint-Denis de Bron, était engagée sur le pont, alors très étroit, de la Guillotière, lorsqu'un embarras de voitures causa une terrible catastrophe. Deux cent trente huit personnes, dit le rapport rédigé sur l'ordre du Consulat, mille ou douze cents, affirme Monfalcon, périrent soit écrasées, soit précipitées dans le Rhône. Mme Catherine de Mazenod, dont le carrosse en arrivant sur le pont, avait été la cause principale de la panique, fit, en 1725, donation aux hôpitaux de son fief de la Part-Dieu, moyennant le paiement d'une somme de 53.000 livres, plus une pension viagère de 6.000 livres et quelques autres conditions onéreuses. D'après Monfalcon ces domaines étaient estimés l'année de l'accident à une valeur de cent mille francs ; en 1846, époque à laquelle Monfalcon écrivait son histoire, ils étaient évalués à 14 millions. Depuis ce moment, l'administration des hospices a vendu des terrains pour des sommes considérables, les masses restantes représentent encore la plus grosse partie de leur fortune actuelle. Ce désastre eut donc comme conséquence éloignée les très grandes ressources dont jouissent les hôpitaux de Lyon, et qui sont appliquées avec tant d'intelligence au soulagement des malheureux.

L'Hôtel-Dieu est un hôpital général, c'est-à-dire que, conformément aux intentions de nombreux donateurs, il ouvre ses portes à tous les malades, quels que soient le lieu de naissance et la résidence habituelle de ces derniers.

La Charité a une origine moins ancienne. Elle fut fondée en 1531, sous le nom d'*Aumône générale*, pendant la longue durée d'une famine devenue historique par les calamités dont elle fut accompagnée. Cette disette, réduisant à une extrême pénurie tous les habitants des régions voisines, fit refluer un nombre immense d'affamés et de malades sur Lyon, ville déjà connue à cette époque par son ardente charité. Le dévouement et la générosité des Lyonnais furent à la hauteur des circonstances, et des asiles furent ouverts aux nombreux orphelins des deux sexes laissés sans aucune ressource par la mort de leurs parents. Plus tard, en 1614, les mendiants et vagabonds furent recueillis et forcés de demeurer dans un hospice (Monfalcon *Histoire de Lyon*).

L'Aumône générale entreprit, en 1617, la construction de l'hospice de la Charité. Les grandes familles lyonnaises contribuèrent généreusement à cette fondation. « Un arrêté des recteurs, à la date de 1707, décida que les enfants de l'hospice seraient élevés et entretenus à la campagne pour la repeupler. N'était-ce pas là, en germe, l'idée de nos colonies agricoles ? » (M. Josse. *A travers Lyon*. 1889.)

La Charité, qui fut donc dans l'origine une maison d'orphelins, et reçut ensuite des vieillards indigents, est aujourd'hui en même temps un hôpital et un hospice. Comme hôpital, elle contient une maternité, un service spécial pour les maladies des femmes, d'autres affectés au traitement des affections médicales et chirurgicales des enfants. Comme hospice, elle donne asile à des vieillards des deux sexes et à des enfants assistés. Enfin elle possède une école de sages-femmes, pour lesquels le titre d'anciennes élèves de la Maternité de Lyon est, partout où elles se présentent, une excellente recommandation.

La Charité possède comme annexe un hospice nouvellement fondé et connu sous le nom de *Sanatorium Renée Sabran*.

Cet établissement, construit dans la presqu'île de Giens, département du Var, sur la pointe la plus méridionale de la côte de
Provence, est destiné aux enfants lymphatiques et scrofuleux,
dont il a pour but d'améliorer la constitution par un séjour aux
bords de la mer et par des bains de mer, qui, grâce au creusement d'une piscine, peuvent être administrés en toute saison.
L'honneur de cette fondation revient à l'excellent président de
nos hospices, M. Hermann Sabran, et à Mme Sabran, dont elle
perpétuera le souvenir, ainsi que celui de leur fille, prématuré-
ment enlevée à leur affection, et dont l'hospice de Giens porte le
nom. M. Sabran commença par faire don à l'administration
hospitalière de Lyon, de 35 hectares de terrain occupant le fond
d'une baie magnifique et parfaitement abritée contre les vents
du nord et de l'est par la commune de Giens, largement ouverte
du côté du sud. Grâce à des souscriptions provoquées par
l'exemple des généreux donateurs, s'est élevé rapidement, le
sanatorium *Renée Sabran*, dont j'emprunte la description à un
travail de M. le docteur Pierre Lacour (*Bulletin médical du
dispensaire général de Lyon*, 15 février 1894) :

« Les constructions sont situées à quelques mètres de la plage,
à laquelle on accède par une pente très douce. Elles se composent actuellement d'un bâtiment central et de deux bâtiments
latéraux à deux étages. Dans le premier sont installés les services généraux, les bureaux, les cuisines, deux réfectoires, les
dortoirs des religieuses. Des deux bâtiments latéraux, l'un est
destiné aux garçons, l'autre aux filles. En décembre 1892, on y
comptait 96 malades, le nombre en sera porté progressivement
à 300.

« Les règles de l'hygiène la plus rigoureuse ont été observées
en tout et pour tout. Le système du water-closet et des égouts
est à l'abri de toute critique ; l'eau potable arrive à l'hôpital par
une canalisation admirablement établie ; un pavillon sis à une
certaine distance est affecté aux maladies contagieuses ; enfin
une piscine chauffée permet d'administrer les bains en hiver. Le
pavillon est dû tout entier à la générosité du baron Vitta, de
Lyon, et la piscine, à celle de M. Renouard, de Marseille.
Giens peut donc supporter toute comparaison avec Arcachon,
Banyuls et Pen-Bron. »

Enfin, derrière le bâtiment central a été élevée la chapelle,
don particulier de Mme Sabran, œuvre de M. Pascalon, archi-
tecte des hôpitaux. M. le docteur Aubert (bulletin du *Lyon*

médical, 27 novembre 1892) qualifie avec juste raison cet édifice de merveille de simplicité et de goût.

L'inauguration solennelle de l'hôpital maritime Renée Sabran a eu lieu le 12 novembre 1892.

Hospice de l'Antiquaille. — La première construction portant ce nom fut édifiée dans le courant du xv⁰ siècle, par Pierre Sala, appartenant à une des meilleures familles de la magistrature lyonnaise. Elle fut ainsi désignée à cause des débris de monuments de l'époque gallo-romaine qui entrèrent dans sa construction. Cette habitation passa entre plusieurs mains jusqu'en 1630, où elle fut acquise par Mathieu de Sève, qui y installa les religieuses de la Visitation ; celles-ci bâtirent en 1639 une église qui sert aujourd'hui de chapelle à l'hospice. En 1792, après l'expulsion des religieuses, l'Antiquaille devint une propriété nationale. Ce fut seulement en 1804 qu'elle fut transformée en dépôt de mendicité, en hospice d'aliénés et en hôpital pour les maladies cutanées et vénériennes. La population secourue était alors de 340 individus ; elle avait été amenée du dépôt de la Quarantaine, qui portait le nom de *Bicêtre*, et qui fut vendu après son évacuation. (Achard-James, *Histoire de l'Antiquaille*. Lyon, 1834.)

En 1809, le dépôt de mendicité fut séparé de l'Antiquaille et installé dans des bâtiments nouveaux qui avaient été construits dans le voisinage de cet hospice. Plus tard, les pensionnaires de cet asile ayant été transférés à Albigny, l'ancien dépôt de mendicité agrandi fut destiné sous le nom d'hospice des Chazeaux à recevoir les femmes vénériennes et dartreuses, c'est-à-dire affectées de maladies de la peau. Enfin les aliénés furent transférés à Bron, et pour utiliser les locaux restés vacants, on en consacra une partie à des malades du quartier, sous le nom d'hôpital Saint-Pothin.

L'Antiquaille, qui avait une administration indépendante de celle des autres hôpitaux et hospices civils, passa sous la même direction en 1845. Les cinq administrateurs de cet hospice devinrent membres du conseil général d'administration en 1846. (Hodieu, *Nomenclature lyonnaise*, 1866.)

L'hôpital de la Croix-Rousse fut inauguré le 7 décembre 1861. Il contient 385 lits de médecine, de chirurgie et d'accouchement, sans y comprendre les pavillons d'isolement construits à part pour recevoir les varioleux et autres sujets atteints de maladies contagieuses.

L'hôpice du Perron fut créé en 1844, sur la commune de Saint-Genis-Laval, pour recevoir les incurables de l'un et de l'autre sexe. Il admet aussi des épileptiques hommes et femmes dans des services spéciaux et enfin 10 garçons infirmes de 5 à 8 ans, désignés par la ville dé Lyon.

L'asile Sainte-Eugénie, destiné à recevoir des hommes convalescents sortant des hôpitaux de la ville, fut ouvert le 25 mai 1867, dans une propriétée achetée et donnée à l'administration par l'impératrice Eugénie. Il est situé, comme l'hospice du Perron, sur le territoire de Saint-Genis-Laval, à 7 kilomètres au sud de Lyon. Le nombre des lits y est de 103.

Hospice des vieillards de la Guillotière. — Fondé en 1830, il a été réuni aux hospices civils de Lyon par un arrêté préfectoral en date du 8 juin 1869. Il est ouvert, comme celui de la Charité, aux vieillards hommes ou femmes, Français ou naturalisés, septuagénaires, indigents, nés à Lyon ou domiciliés depuis dix ans dans cette ville. Il contient 135 lits.

Les hôpitaux et hospices ne sont pas à Lyon les seuls moyens d'assistance des malades et des infirmes. Les indigents ayant besoin de soins médicaux peuvent être traités à domicile soit par les médecins du service municipal, soit par ceux du dispensaire.

IV

L'histoire de l'enseignement de la médecine à Lyon serait le complément naturel de cette étude. Je ne puis ici que l'esquisser à grands traits (1).

Le moyen âge nous fournit peu de documents sur cette question. Nous relevons cependant au xive siècle, parmi les médecins lyonnais, le nom d'un homme qui fut longtemps célèbre par son grand traité de chirurgie : *Inventorium seu collectorium partis chirurgicalis medicinæ.* C'est Guy de Chauliac, en Gévaudan, qui avait étudié à Montpellier et à Bologne, et mourut médecin des papes à Avignon. Est-il nécessaire de rappeler que maitre François Rabelais était, en 1532, médecin de notre

(1) Pour plus de détails je renverrai le lecteur au travail que j'ai publié dans les *Annales de la Société nationale d'éducation* et dans le *Lyon Médical* (1889-90-91).

Hôtel-Dieu? Son successeur, maître Canappe, fut le premier qui enseigna la chirurgie en français. Il n'y avait pas alors d'enseignement régulier, officiel pour ainsi dire. En 1575 seulement, une ordonnance de la sénéchaussée divisa l'art de guérir en trois branches : la médecine, la chirurgie, la pharmacie ou *spécificientique*. Les médecins alors constituèrent une corporation qui prit le nom de *collège de médecine*, et dont les membres enseignaient l'anatomie, la chimie et la botanique.

Les leçons furent continuées jusqu'à la Révolution, sauf une interruption de quelques années, faute d'un local, pendant la seconde moitié du dernier siècle, elles eurent lieu dans une salle située au-dessous de la bibliothèque du collège de la Trinité, actuellement bibliothèque municipale.

Il y avait donc au rez-de-chaussée des bâtiments du Lycée actuel une salle de dissection. En novembre 1768, le bruit ayant couru dans la ville qu'on y disséquait des enfants vivants, notre ville fut ensanglantée par une émeute qui coûta la vie à trois cents personnes sans compter les blessés (Monfalcon, ouvrage cité).

Depuis la séparation des médecins, des chirurgiens et des apothicaires sous Henri III, l'exercice de la chirurgie fut plusieurs fois réglé par le Roi et par la Justice. Mais l'enseignement de cette science ne fut organisé que dans la seconde moitié du dernier siècle par deux déclarations du Roi, la première de 1772, la seconde de 1785, portant règlement pour le *Collège Royal de Chirurgie*.

Ainsi les maîtres en chirurgie recevaient leur investiture à Lyon, tandis que les médecins n'obtenaient leur diplôme que dans une Université. Pour de plus amples détails, on peut consulter l'excellent travail de M. le docteur Maurice Polosson, chirurgien en chef de l'Hôtel-Dieu et professeur de médecine opératoire à la Faculté de Lyon.

Ecole vétérinaire. — A notre ville appartient l'honneur d'avoir possédé la première école vétérinaire, fondée par Bourgelat et qui fut ouverte le 1er janvier 1762. Elle est devenue depuis très florissante et très renommée pour la haute science de ses professeurs, dont plusieurs sont parvenus à une haute illustration. Cette école a été longtemps désignée et l'est encore aujourd'hui par beaucoup de personnes sous le nom d'Académie. M. le docteur Arloing, directeur actuel, et professeur à la Faculté de médecine, nous apprend, dans un très intéressant travail sur Bourgelat et la fondation de l'Ecole, que celle-ci porta à son origine le nom d'*Académie royale vétérinaire*.

La Révolution et le siège de Lyon qui en fut la conséquence firent disparaître à peu près tout enseignement médical. Je dis à peu près, car il ressort d'un document administratif de 1795 que depuis 1788 jusqu'à ce moment, Cartier, chirurgien aide-major de l'Hôtel-Dieu, n'avait pas cessé de donner dans cet hôpital des leçons d'anatomie et de physiologie. Deux ans plus tard, en 1797, Marc-Antoine Petit, chirurgien-major fut chargé d'un cours public de chirurgie, dont l'ouverture se fit avec une grande solennité. En 1801, la petite école de médecine existant à l'Hôtel-Dieu fut augmentée de deux cours de clinique médicale, l'un professé dans les rangs des hommes malades, l'autre, dans ceux des femmes. On créa de plus une bibliothèque et un cabinet d'anatomie. Quelques années plus tard, un enseignement fut fondé à la Charité. L'almanach de Lyon pour 1817 nous apprend, en effet, que Montain jeune, chirurgien-major, fit depuis le commencement jusqu'à la fin de son exercice, c'est-à-dire de 1806 à 1817, un cours de médecine et de matière médicale pendant l'été. Pendant l'hiver le même professeur enseignait les accouchements, auxquels se joignait l'étude des maladies des femmes et des enfants. Montain occupa plus tard, à notre école de médecine la chaire de thérapeutique et de matière médicale. Il mourut en 1853.

En 1819, sur la proposition de M. de Verna, le conseil d'administration des hospices décide la création à l'Hôtel-Dieu de trois cours : 1° clinique interne ; 2° pathologie interne ; 3° thérapeutique et matière médicale. Il est permis de croire que les deux cliniques fondées en 1801 avaient cessé d'exister.

Il résulte de cet exposé que pendant le premier quart de siècle actuel, l'enseignement des sciences médicales n'avait existé dans notre ville que grâce à l'initiative de l'administration hospitalière. C'est seulement en 1821 que nous voyons l'autorité supérieure se préoccuper de cette branche si importante de l'instruction publique, et encore y fut-elle poussée par les demandes de l'administration des hôpitaux. En cette année, le conseil royal de l'instruction publique ordonna la création d'une école secondaire de médecine à Lyon. Elle devait comprendre cinq chaires, pourvues chacune d'un titulaire et d'un suppléant. Pour deux chaires seulement, celle de pathologie et celle de thérapeutique et de matière médicale, il devait être ouvert un concours. Les autres places étaient données au choix. Pendant les années suivantes, l'importance de cette modeste école augmenta par la création de nouvelles chaires. Au début de l'année scolaire 1844-45, époque à laquelle fut inauguré le bâtiment construit dans la rue de la Barre et qui avant sa démolition a dû donner asile à la faculté naissante, les cours étaient au nombre de quatorze.

La création de la Faculté fut décidée par une loi du 8 décembre 1874. Deux années et demie plus tard, un décret du Président de la République, promulgué en mai 1877, constitua la Faculté mixte de médecine et de pharmacie de Lyon, et nomma les professeurs et les agrégés.

Les divers services de cette nouvelle institution furent inutiles rue de la Barre, dans le local occupé par l'Ecole de médecine, pendant que s'élevaient sur le quai de la Vitriolerie les magnifiques constructions destinées à les recevoir. En novembre 1879 la Faculté prit possession du premier quart des bâtiments définitifs, c'est-à-dire de l'Institut anatomique. Deux années plus tard, elle put occuper tout le local qui lui était destiné, à la suite d'une cérémonie pour la pose de la pierre commémorative de la construction (14 novembre 1881). Plus tard une des quatre sections qui composent cet immense édifice fut dévolue à la Faculté des sciences.

Le nombre des élèves a été toujours en augmentant, et il est permis de dire qu'au point de vue de l'enseignement médical, comme à beaucoup d'autres, Lyon tient dignement son rang de seconde ville de France. Au commencement de la présente année scolaire, le nombre des étudiants en médecine civils ou militaires et des élèves en pharmacie atteignait 1.380. Dans ce total doivent être compris plus de 200 militaires.

Ecole de santé militaire. — Par un décret du Président de la République, en date du 26 décembre 1888, la ville de Lyon fut désignée pour être le siège de l'Ecole de santé militaire.

M. Vallin, médecin inspecteur, directeur du service de santé du 14e corps d'armée, en fut nommé directeur. M. Viry, médecin-major de 1re classe, fut désigné comme sous-directeur. Depuis l'année dernière, M. Vallin, rappelé à Paris, a été remplacé par M. Kœlsch, médecin inspecteur.

La municipalité lyonnaise a fait construire, pour loger l'Ecole de santé, de magnifiques bâtiments en façade sur l'avenue des

Ponts, et à peu de distance de la Faculté. Ils doivent être occupés avant la fin de la présente année.

Le nombre des thèses soutenues devant la Faculté de médecine s'élevait au 25 janvier, dernier à 905 (*Lyon médical*, 11 mars 1894).

Lyon est donc, après Paris, le premier centre d'enseignement médical de la France.

J'ajoute, en terminant, que les médecins de cette ville et de la région lyonnaise n'ont jamais cessé d'unir à leur science incontestée deux qualités qui en relèvent au plus haut point la valeur, savoir, la dignité professionnelle la plus irréprochable et les meilleurs sentiments de confraternité.

Dr E. CHAPPET,
Médecin honoraire des hôpitaux de Lyon,
Vice-président de la Société de géographie.

NOTES ET DOCUMENTS STATISTIQUES

POPULATION DE LYON

ANNÉES	LYON		VAISE	POPULATION réunie DES 1er, 2e et 5e arrt	GUILLOTIÈRE		POPULATION réunie DES 3e et 6e arrondt	CROIX-ROUSSE	TOTAL
	1er arrondt	2e arrondt	5e arrondisst		3e arrondt	6e arrondt		4e arrondt	
1836	150.814		6.110	156.924	22.890		22.890	17.934	197.748
1841	155.939		5.505	161.442	25.730		25.730	18.790	205.962
1846	177.936		7.812	185.788	34.200		34.200	19.587	239.575
1851	177.190		9.169	186.359	43.524		43.524	28.644	258.494
1856	59.910	74.756	53.119	187.785	71.833		71.833	33.103	292.721
1861	63.784	73.563	58.527	195.874	87.796		87.796	35.133	318.803
1866	59.886	73.474	55 498	188.858	101.426		101.426	33.670	323.954
1872	58.842	68.773	49.982	177.597	71.681	40.917	112.598	33.222	323.417
1876	61.301	70.425	51.899	183.625	78.013	46.261	124.274	31.916	342.815
1881	65.985	75.549	54.446	195.980	93.155	52.429	145.584	35.049	376.643
1886	65.985	79.031	56.313	200.917	103.881	62.021	165.902	35.411	401.920
1891	65.573	73.301	55.802	193.766	115.981	71.340	187.321	34.912	416.029

La population s'accroît principalement sur la rive gauche du Rhône.
La presqu'île tend à se dépeupler, ou tout au moins à rester stationnaire.

ÉTAT ORIGINAIRE

DE LA

POPULATION LYONNAISE

Français nés à Lyon			166.000	
—	— Départ. du Rhône	37.000		
—	— — Ain	21.500		
—	— — Ardèche	7.500		
—	— — Drôme	7.500		
—	— — Haute-Loire	4.500		
—	— — Isère	38.000		220.500
—	— — Loire	19.500		
—	— — Saone-et-Loire	14.500		
—	— — Savoie et Haute-Savoie	17.500		
—	— — Autres départ.	51.000		
Etrangers : Italiens		7.800		
— Suisses		3.700		
— Allemands		1.000		
— Autres pays d'Europe		500		15.500
— — extra Europe		500		
— Sans renseignements		2.000		

Population totale.......... 402.000

(D'après les déclarations de décès depuis plusieurs années.)

VILLE DE LYON. — Naissances, Décès, Mariages.

	1884	1885	1886	1887	1888	1889	1890	1891
Naissances : Enfants légit. garçons.	3605	3502	3358	3352	3364	3394	3237	3306
filles ...	3511	3452	3275	3205	3265	3240	3117	3275
Total..	7176	6954	6633	6557	6629	6634	6354	6641
Enfants natur. garçons.	990	948	917	919	927	904	894	924
filles ...	968	942	945	947	886	818	853	896
Total..	1958	1890	1862	1866	1813	1722	1747	1820
Naissances totales .... garçons.	4655·	4450	4275	4301	4291	4298	4131	4290
filles ...	4479	4394	4220	4122	4151	4058	3970	4171
Total..	9134	8844	8495	8423	8442	8356	8101	8461
Décès............... hommes.	4891	4496	4688	4501	4566	4415	5007	4743
femmes.	4589	4423	4758	4384	4428	4382	4025	4628
Total..	9480	8919	9446	8885	8994	8797	9832	9371
Mariages.	3107	3079	3033	3025	3069	3085	2980	3328

VILLE DE LYON. — POPULATION

	1874			1886		
	SURFACE	POPULATION	DENSITÉ PAR HECTARE	SURFACE	POPULATION	DENSITÉ PAR HECTARE
	hect.	habitants		hect.	habitants	
1er arrondissement	117.73.25	51.988	467.05	129.21.00	66.573	515.22
2e —	215 40.50	65.575	304.42	238.26.00	76.255	320.09
3e —	1900.84.50	63.925	32.09	2069.51.00	103.881	50.19
4e —	230.12.50	32.743	144.44	257.63.00	35.111	136.28
5e —	940.19.00	43.896	47.67	1009.91.00	56.313	61.01
6e —	255.84.50	40.180	157.05	278.34.00	62.277	223.74
	3.760.14.25	301.307	80	3.982.86.00	400.410	103.53

DÉCÈS PAR AGE ET PROFESSIONS

ANNÉE 1890. VILLE DE LYON.

		Nombre	Age moyen	
1	Rentiers....	821	68	03
2	Médecins......	27	55	64
3	Militaires........................	131	30	11
4	Négociants, banquiers..	306	51	96
5	Ménagères......................	1.133	49	45
6	Employés de bureau..............	504	44	81
7	Bouchers, charcutiers........	35	45	35
8	Boulangers, confiseurs............	76	46	08
9	Marchands de vins, cafetiers.......	79	44	84
10	Cochers, voituriers...	80	49	71
11	Cordonniers	197	55	83
12	Tailleurs.......................	60	52	37
13	Apprêteurs, teinturiers	218	59	15
14	Bijoutiers, bronziers	64	48	47
15	Cartonniers.....................	28	41	78
16	Chapeliers, étain.................	25	45	50
17	Charpentiers, maçons	120	48	02
18	Couturières.....................	455	38	05
19	Cuirs et tanneurs.................	43	47	03
20	Cultivateurs, cantonniers.........	778	51	24
21	Lithographes....................	42	42	38
22	Mouliniers.........	50	45	60
23	Ouvriers sur bois	150	50	36
24	— cuivre	31	48	46
25	— fer...	173	48	15
26	Peintres, plâtriers, doreurs	59	48	43
27	Produits chimiques	70	52	60
28	Tisseurs.......................	683	56	28
29	Tullistes, guimpiers............ ...	74	45	97
30	Sans profession	762	71	73
		7.283	53	93

POPULATION

ANNÉES	AIN	ARDÈCHE	DROME	ISÈRE	LOIRE	HAUTE-LOIRE	RHONE	SAONE-ET-LOIRE
1801	314.571	266.656	235.357	435.888	290.903	229.773	290.390	452.673
1806	322.668	290.801	253.502	471.660	317.053	268.420	340.980	471.236
1821	328.838	304.339	273.511	505.585	343 454	276.830	391.469	498.057
1826	341.628	328.419	285.791	525.984	369.298	285.073	416.575	515.776
1831	346 030	340.734	299.556	550.258	391.216	292.078	434.429	524.180
1836	316.188	353.752	305.490	573.645	412.497	295.384	482.024	538.507
1841	355.694	364.416	311.554	588.660	434.085	298.137	500.831	551.543
1846	367.302	379.614	320.075	598.402	453.786	307.164	545.635	565.019
1851	372.939	386.559	326.846	603.497	472.588	304.615	574.745	574.720
1856	370.919	385.835	324.760	576.637	505.260	390.994	625.9•4	575.018
1861	369.767	388.529	326.684	577.748	517.603	305.521	662.493	582.137
1866	371.643	387.174	324.231	581.386	537.408	312.661	678.648	600.006
1872	363 290	380.277	320.417	575.784	550.644	308.732	670.247	598.344
1876	365.462	384.378	324.756	581.099	590.643	313.724	705.734	614.309
1881	363.472	376.867	313.763	580.274	592.836	316.464	741.470	625.589
1886	364.408	375.402	314.615	584.680	603.384	320.063	772.912	625.885
1891	356.901	374.269	306.419	572.145	616.227	316.735	896.737	619.523

DENSITÉ DE LA POPULATION (au kil.^{2})

	1841	1851	1886
Ain	60	64	63
Ardèche	67⁶	70	68
Drôme	47⁶	50	48
Isère	71⁴	72⁷	70
Loire	91⁴	99	127
Haute-Loire	59⁸	61³	64
Rhône	179⁴	205⁹	277
Saône-et-Loire	64³	67¹	73

La population des départements renfermant des grandes villes devient de plus en plus dense

POPULATION : Villes, Chefs-Lieux

	1789	1811	1831	1851	1872	1886	1891
Ain (Bourg)	8.788	7.200	8.996	12.068	14.280	18.113	
Ardèche (Privas)	2.860	3.080	4.342	5.278	7.836	7.600	
Drôme (Valence)	1.768	8.057	10.406	16.122	20 668	24.761	
Isère (Grenoble)	24.830	23.500	24.888	20.753	42.660	52.484	
Loire (Saint-Etienne)	28.302	18 147	33.064	56.003	110.814	117.875	
Haute-Loire (le Puy)	15.652	12.318	14.930	15.723	19.233	19.031	
Rhône (Lyon)	138.684	105.931	133.715	177.190	323.417	401.930	416.029
Saône-et-Loire (Mâcon)	7.852	10.546	10.998	14.883	17.453	19.680	

POPULATION ÉTRANGÈRE. — Recensement de 1891

	Ain	Ardèche	Drôme	Isère	Loire	Haute-Loire	Rhône	Saône-et-Loire
Etrangers masculin.......	2.679	305	804	5.553	2.166	193	10.002	985
— féminin........	2.054	228	737	3.025	1.286	137	8.137	767
Total.......	4.730	533	1.541	8.578	3.452	330	18.139	1.752
Nés en France..........	1.496	241	404	2.110	880	174	5.218	717
— à l'étranger..........	3.181	291	1.132	6.426	2.556	155	12.837	1.030
Nationalités :								
Allemands	121	51	114	324	328	55	1.434	239
Autrichiens	85	11	25	70	49	15	175	53
Belges.	68	48	75	117	154	13	568	307
Italiens.................	2.427	278	828	6.992	1.964	152	9.494	642
Espagnols..	41	28	152	96	143	22	328	44
Suisses	1.908	88	229	833	515	50	5.023	411
Divers.................	080	29	118	146	299	23	1.117	56
Professions : *% des étrangers.*								
Agriculture..	1.163	9	311	980	110	7	364	160
— %	24 6	1 6	20 4	11 4	31 9	21	2	9 2
Industrie................	2.783	277	822	6.662	2.787	231	11.557	1.132
— %	59	71	53 5	78	81	70	63 7	04 5
Commerce............ ...	244	53	151	350	206	10	4.285	132
— %	5 1	10	10	4 1	6	3	23 7	7 5
Transports..............	49	7	17	154	6	1	56	20
— %	1 3	1 3	1	1 8	0 2	0 3	0 3	0 1
Professions libérales.....	221	27	63	160	118	30	750	148
— %	4 7	5 1	4	1 8	3 9	9	4 1	8 4
Rentiers	92	10	44	95	42	12	962	112
— %	1 9	0 2	2 9	1 1	1 4	3 6	2 5	6 4

J.-B. Pey.

TABLE DES MATIÈRES